Estudos de
Direito Processual Penal

Volume 2
JUIZADOS ESPECIAIS CRIMINAIS
E OUTROS ESTUDOS

E82   Estudos de Direito Processual Penal / Paulo Cláudio Tovo (org.).
— Porto Alegre: Livraria do Advogado, 1999.
230 p.; 14x21 cm.

Temas desenvolvidos no Grupo de Estudos de Processo Penal
da Escola Superior da Magistratura do Rio Grande do Sul.
Conteúdo: v. 2. Juizados especiais criminais e outros estudos.

ISBN 85-7348-101-3

1. Processo penal. 2. Juizado especial criminal. 3. Crimes
contra a honra. 4. Código de Trânsito Brasileiro. 5. Tribunal
do júri. 6. Inquérito policial. I. Tovo, Paulo Cláudio.

CDU 343.1

Índices para catálogo sistemático

Crimes contra a honra
Juizado especial criminal
Inquérito policial
Tribunal do júri
Processo penal
Código de Trânsito Brasileiro

(Bibliotecária responsável: Marta Roberto, CRB 10/652)

PAULO CLÁUDIO TOVO (organizador)
CARLOS RAFAEL DOS SANTOS JÚNIOR
GENACÉIA DA SILVA ALBERTON
MÁRIO JOSÉ GOMES PEREIRA
NEREU JOSÉ GIACOMOLLI
OSNILDA PISA

Estudos de Direito Processual Penal

Volume 2
JUIZADOS ESPECIAIS CRIMINAIS E OUTROS ESTUDOS

Grupo de Estudos de Processo Penal da
Escola Superior da Magistratura do
Rio Grande do Sul

livraria
DO ADVOGADO
editora

Porto Alegre 1999

© Grupo de Estudos de Processo Penal da Escola
Superior da Magistratura do Rio Grande do Sul

Alfredo Foerster
Carlos Rafael dos Santos Júnior
Genacéia da Silva Alberton
João Carlos da Silveira
Mário José Gomes Pereira
Nereu José Giacomolli
Osnilda Pisa
Paulo Cláudio Tovo (org.)

Capa, projeto gráfico e diagramação
Livraria do Advogado / Valmor Bortoloti

Revisão de
Rosane Marques Borba

Direitos desta edição reservados por
Livraria do Advogado Ltda.
Rua Riachuelo, 1338
90010-273 Porto Alegre RS
Fone/fax: (051) 225-3311
E-mail: livadv@vanet.com.br
Internet: www.liv-advogado.com.br

Impresso no Brasil / Printed in Brazil

Sumário

Apresentação 7

1. Súmulas da Lei nº 9.099/95 (grupo de estudos) 9

Mário José Gomes Pereira
2. Juizados Especiais Criminais - alguns aspectos 23

Genacéia da Silva Alberton
3. Termo circunstanciado da Lei nº 9.099 41
4. Considerações sobre o Juizado Especial Criminal: competência, infrações de menor potencial ofensivo e audiência preliminar 51
5. Juizado Especial Criminal: avanços e retrocessos, transação penal, responsável civil, recursos e ações constitucionais . 81
6. Crimes contra a honra e a Lei nº 9.099 131

Nereu José Giacomolli
7. Considerações Processuais sobre o Código de Trânsito Brasileiro 141

Carlos Rafael dos Santos Júnior
8. A extinção da sala secreta nos Tribunais do Júri 155
9. O Concurso de Pessoas e sua Quesitação no Júri 179

Osnilda Pisa
10. Juizados Especiais Criminais e os conflitos familiares . . . 195

Paulo Cláudio Tovo (organizador)
11. Democratização do inquérito policial 199

Apresentação

Uma das paixões das quais não podem fugir nem mesmo aqueles profundamente compromissados com a imparcialidade é, sem dúvida, a ciência jurídica dos excluídos, ou seja, o direito processual penal (em que os fortes e os fracos, numa visão quase lírica, são ou deveriam ser colocados em pé de igualdade).

Por ser assim algo que envolve não apenas a inteligência, mas igualmente a emoção, é que os devotos de tal ciência se consideram como irmãos, não raro formando grupos de estudos e ao mesmo tempo de confraternização perene, como é o caso do Grupo de Estudos da Escola Superior da Magistratura, que se autodenominou "*Des. Alaor Terra*", em memória daquele notável magistrado que foi seu primeiro coordenador.

Num clima assim é que surgiu o primeiro e agora o segundo livro de *Estudos de Direito Processual Penal*, fruto de madura reflexão e acalorados debates.

Nestas condições, integrantes do mencionado grupo de estudos deixam aqui consignados, mais uma vez, o resultado de suas vivências profissionais e perquirições dogmáticas, no campo do direito protetivo dos inocentes, certos de que estarão contribuindo, deste modo, notadamente para os iniciantes na matéria.

PAULO CLÁUDIO TOVO
Coordenador do Grupo

1.
Súmulas da Lei 9.099/95

Súmula 1

O art. 1º da lei nº 9.099/95, supre a omissão do termo "processo", no art. 60 do referido diploma legal. Unânime (ver Súmulas 7 e 13). ·

Súmula 2

Não podem ser consideradas "infrações penais de menor potencial ofensivo" para efeito de processamento perante o JEC tanto as previstas no Código Eleitoral quanto aquelas do Código Penal Militar. Unânime.

Súmula 3

Os crimes definidos em leis especiais, que sejam objeto de procedimento comum do Código de Processo Penal (como o caso do Código do Consumidor), tanto que a pena máxima em abstrato prevista em lei, não seja superior a 01 (um) ano, enquadram-se perfeitamente na definição de infrações de menor potencial ofensivo do art. 61. Unânime.

Súmula 4

A parte final do art. 61: "...excetuados os casos em que a lei preveja procedimento especial" se aplica tanto aos crimes quanto as contravenções penais, não podendo serem considerados infrações de menor potencial ofensivo aqueles casos em que a lei quis dar tratamento diferenciado. Por maioria.

Súmula 5

No caso de conexão ou continência de infrações de menor potencial ofensivo, com outras, de natureza diversa, seguir-se-á, no juízo competente, o rito destas últimas. Unânime.

Súmula 6

Em face da celeridade que informa o processo nos Juizados Especiais, devem estes correr durante as férias forenses. Unânime.

Súmula 7

A falta da palavra "simplicidade", no texto do art. 62, em comparação com o art. 2º da Lei nº 9.099/95, quer significar que tal critério, no âmbito criminal, só é aplicável nos estritos limites expressamente permitidos em lei, não se tratando assim de mera omissão do legislador e nem sendo cabível a aplicação analógica. Unânime.

Súmula 8

O princípio da concretitude da acusação há de ser observado no procedimento sumaríssimo da Lei nº 9.099/95, não obstante os critérios da informalidade e celeridade. Unânime.

Súmula 9

A lei quando diz que "O processo perante o Juizado Especial orientar-se-á pelos critérios da oralidade etc. no art. 62, quer se referir obviamente também a seus consectários lógicos da imediatidade, concentração e identidade física do juiz. Unânime.

Súmula 10

No que concerne à competência dos Juizados Especiais Criminais, a Lei nº 9.099/95 adota a teoria da atividade (art. 63). Unânime.

Súmula 11

Essencial de um depoimento relativamente ao fato é aquilo que o depoente expressa como sendo o que captou através dos sentidos, em seus próprios termos e não nos da autoridade judiciária. Unânime.

Súmula 12

Quando a Lei 9.099, de 26.09.95 diz, em seu art. 65, § 1º: "Não se pronunciará qualquer nulidade sem que tenha havido prejuízo", quer se referir evidentemente a toda e qualquer espécie de nulidade, sanável ou não, excluídas apenas as hipóteses de inexistência. Unânime.

Súmula 13

O art. 65 da Lei 9.099/95 deixa claro que o novo sistema abandonou o princípio da "legalidade das formas", sem cair, no entanto, nos extremos do antiformalismo sem limites. Unânime.

Súmula 14

Entre os meios hábeis de comunicação para a prática de atos processuais em outra Comarca, *ut* art. 65, § 2º, da lei nº 9.099/95, está sem dúvida o "fax". Unânime.

Súmula 15

No Juizado Especial Criminal, somente é permitida a citação pessoal. Unânime.

Súmula 16

É inadmissível, no sistema dos Juizados Especiais Criminais, a intimação pela imprensa. Por maioria.

Súmula 17

Com a determinação expressa no sentido que do ato de intimação do autor do fato e do mandado de citação do acusado deverá constar a necessidade de seu comparecimento acompanhado de advogado, com a advertência de que, na sua falta, ser-lhe-á designado defensor público, a Lei dos Juizados Especiais Criminais (art. 68) deixa patenteada a tendência de um processo penal verdadeiramente democrático e, por isto mesmo, garantidor dos direitos mais fundamentais da pessoa humana. Unânime.

Súmula 18

O Termo Circunstanciado deve conter princípio de prova da infração, e indícios da autoria, ainda que singelos e informais. Unânime.

Súmula 19

O benefício de responder ao processo em liberdade, e da dispensa da fiança, mesmo no caso de flagrante, é o incentivo que a lei oferece para o comparecimento do autuado ao Juizado. Unânime.

Súmula 20

O justo realce da vítima no Juizado Especial Criminal constitui uma das mais notáveis inovações reveladoras da tendência de mudança no sistema. Unânime.

Súmula 21

Mesmo que se entenda que o direito de representação deva ser exercido em juízo (art. 75 da Lei 9.099/95) não se poderá negar ao ofendido, ou a quem o represente, o direito de se opor ao procedimento conciliatório/condenatório da lei em tela, isto desde o primeiro passo da autoridade policial.

Da mesma forma com relação à ação de iniciativa privada. Unânime.

Súmula 22

A transação de caráter penal é ato personalíssimo, não podendo, assim, ser aceita ou recusada por procurador mesmo com poderes especiais de transigir ou desistir. Unânime.

Súmula 23

Quem pode propor a aplicação imediata de pena restritiva de direitos ou multa, desde que verificada a viabilidade da acusação, é o Ministério Público (art. 76), cabendo ao Juiz tão somente anunciar tal possibilidade (art. 72). Unânime.

Súmula 24

Como terapêutica adequada à alegação de inconstitucionalidade do dispositivo da Lei 9.099/95, que permite ao Ministério Público propor a aplicação imediata de pena, independentemente da dialética probatória, ainda que concordante o pretenso apenado, bem como seu defensor técnico, indicamos a interpretação conforme a Constituição, plenamente viável na espécie. Unânime.

Súmula 25

A dispensa de inquérito policial, para o procedimento sumaríssimo da Lei 9.099/95, prevista no art. 77, § 1º, por ser imposta pela própria lei, diretamente, tem caráter peremptório. Unânime.

Súmula 26

A disponibilidade da ação penal regulada pela lei é submetida ao controle jurisdicional. Unânime.

Súmula 27

Nos Juizados Especiais Criminais, o número máximo de testemunhas é de 03 (três) para cada parte e para cada réu, e para cada fato, por aplicação analógica do art. 34. Unânime.

Súmula 28

A prescindência do exame de corpo de delito quando a materialidade do crime estiver aferida por boletim médico ou prova equivalente é apenas para o oferecimento da denúncia e não para fundamentar a sentença condenatória, se for o caso. Unânime.

Súmula 29

A denúncia oral reduzida a termo poderá servir, também, no juízo comum, como ato instaurador do procedimento quando a ele regularmente remetida. Unânime.

Súmula 30

O ato coativo de condução coercitiva (art. 80) só é admissível ante a ausência sem justa causa. Unânime.

Súmula 31

Para a defesa sempre é tempo de provar podendo, assim, requerer a busca e colheita dialética de prova até mesmo durante a audiência de instrução e julgamento. Unânime.

Súmula 32

A defesa verdadeiramente prévia, ou o contraditório prévio já previstos em alguns procedimentos, como o dos crimes de responsabilidade dos funcionários públicos, o dos crimes de imprensa e das ações penais originárias e agora também adotado nos Juizados Especiais, "tende a evitar que prosperem acusações infundadas ou temerárias (art. 5º, inciso LV da CF). Unânime.

Súmula 33

Se o Juiz, com a defesa verdadeiramente prévia se convence, extreme de qualquer dúvida, de que não houve infração penal ou de que está extinta a punibilidade, rejeitará a inicial acusatória, podendo fazer sua decisão coisa julgada material, daí o recurso de apelação previsto no art. 82. Unânime.

Súmula 34

Se se tratar de simples não recebimento da inicial acusatória, caberá recurso em sentido estrito do art. 581, inciso I, do Código de Processo Penal, por força do disposto no art. 92, sem prejuízo da imediata apresentação de nova inicial acusatória. Unânime.

Súmula 35

A conciliação sempre será possível, ainda que ultrapassada a respectiva fase ou frustrada a primeira tentativa. Unânime.

Súmula 36

Na audiência de instrução e julgamento (art. 81), o interrogatório do acusado, como ato mais importante de autodefesa, só se fará ao final e se ele o quiser. Unânime.

Súmula 37

Embora a lei seja taxativa no sentido de que o Juiz imediatamente aos debates deva sentenciar, nada impede que se dê a ele a oportunidade de melhor refletir quando em seu entendimento for necessário. Unânime.

Súmula 38

Salvo no tocante às provas que já estão prontas quando da notícia do fato (como a carta contendo a ameaça prevista no art. 147 do Código Penal), todas as demais serão produzidas dialeticamente, consoante a lei maior. Unânime.

Súmula 39

O poder judicial de limitar ou excluir as provas que considerar excessivas, impertinentes ou protelatórias (art. 81, § 1º, *in fine*), há de ser exercido tão somente quando tais situações se mostrarem evidentes, sob pena de cerceamento do direito à prova, intimamente ligado ao contraditório e à ampla defesa. Unânime.

Súmula 40

O "breve resumo" de que trata o art. 81, § 2º, não pode ser de tal modo que prejudique a via recursal ou a revisional. Unânime.

Súmula 41

A dispensa de relatório na sentença (art. 81, § 3º, da Lei 9.099/95) quer significar apenas que o Juiz não está obrigado a descrever a atividade processual, passando desde logo à análise dos elementos de sua convicção e ao rebate das teses opostas, se for o caso. Unânime.

Súmula 42

Se o acusado não estiver presente na audiência de instrução e julgamento (art. 81 da Lei 9.099/95) deverá ser pessoalmente intimado da sentença condenatória. Unânime.

Súmula 43

O recurso é garantia constitucional, motivo pelo qual a sua vedação é excepcional, devendo sempre ser expressa. Unânime.

Súmula 44

A sentença homologatória do acordo ou da transação penal, não pode converter-se em pena privativa de liberdade, o que só é admissível em se tratando de sentença condenatória, fruto do devido processo legal. Unânime.

Súmula 45

A sentença homologatória de acordo que gera a extinção da punibilidade, fica sujeita, na execução cível, aos embargos previstos no art. 741, inciso VI, do Código de Processo Civil (art. 74 da Lei 9.099/95). Unânime.

Súmula 46

Não cumprido o acordo homologado (sobre os danos civis) e que acarretaria por si a renúncia ao direito de queixa ou representação, na forma do parágrafo único do artigo 74, cabe apenas a execução no juízo cível, consoante o *caput* do mesmo artigo. Unânime.

Súmula 47

Sendo a contravenção de *Vias de Fato* (art. 21 da Lei das Contravenções Penais) elemento integrativo essencial do crime de lesão corporal (art. 129 do Código Penal), deve a infração componente seguir, quanto à natureza da ação penal, o mesmo destino da infração composta, ditado pela Lei 9.099/95, artigo 88, até mesmo pelo princípio da consunção. Unânime.

Súmula 48

A norma contida no art. 88 da Lei 9.099/95, por seu conteúdo misto - material e instrumental - beneficente ao penalmente perseguido, tem efeito retrooperante não apenas em relação aos acusados, mas também quanto aos condenados em regime de execução penal. Unânime.

Súmula 49

No caso de lesões corporais leves recíprocas, se um dos autores da infração aceita a proposta de aplicação imediata de pena e o outro não, o procedimento deve prosseguir contra o recusante, se for o caso, sem prejuízo de beneficiar o aceitante, na hipótese de ser reconhecida qualquer tese juridicamente extensível a este último, sob pena de afronta ao princípio da isonomia. Unânime.

Súmula 50

A medida de segurança tem como pressuposto fato típico punível. Mesmo se considerada sanção penal, por si só não obsta à aplicação dos institutos despenalizadores da transação e da suspensão do processo nos termos da Lei 9.099/95. Por maioria.

Súmula 51

A suspensão condicional do processo, contemplada no art. 89 da Lei 9.099/95, incide, por aplicação analógica, também na ação penal de iniciativa privada. Unânime.

Súmula 52

Se o juiz vislumbra a possibilidade, desde logo, do perdão judicial (homicídio culposo, por exemplo), ante confiável confissão de culpa do acusado, não é razoável conceder-lhe a suspensão condicional do processo. Unânime.

Súmula 53

Decorridos 05 (cinco) anos da concessão é possível deferir-se nova suspensão condicionada do procedimento. Unânime.

Súmula 54

Ao semi-imputável e ao menor de 21 anos, é possível conceder a suspensão condicional do procedimento. Unânime.

Súmula 55

Também nas contravenções penais, cabe a suspensão condicional do procedimento. Unânime.

Súmula 56

A condição estabelecida no art. 89 para a suspensão do processo, "desde que o acusado não esteja sendo processado...por outro crime", afronta o preceito do artigo 5º, inciso LVII, da Lei Maior, admissível a restrição somente no caso de condenação transitada em julgado. Unânime.

Súmula 57

Não cabe revogação da suspensão condicional do processo pelo simples fato de o beneficiário vir a ser processado por outro crime ou contravenção (art. 89, §§ 3º e 4º, 9.099/95), exigível que reste condenado, para que se admita a perda do direito ao benefício (art. 5º, LVII, CF), como o orienta a principiologia do processo penal. Unânime.

Súmula 58

A suspensão condicional do processo do artigo 89, da lei nº 9.099/95, aplica-se tanto aos delitos punidos com reclusão, como aos punidos com detenção, desde que a pena mínima seja igual ou inferior a 01 (um) ano, e que o acusado não tenha sido condenado por outro crime, presentes os demais requisitos que autorizariam a suspensão condicional da pena (art. 77 do Código Penal), excluindo-se, por afronta à Constituição, a condição de que "não esteja sendo processado...". Unânime.

Súmula 59

O novo instituto da suspensão condicional do procedimento (concebido por *Weber Martins Batista*) tem conteúdo misto, não puramente processual, tanto que expirado o prazo sem revogação, o juiz declarará extinta a punibilidade (art. 85, § 5º, da Lei 9.099/95). Unânime.

Súmula 60

Se o Ministério Público, ao oferecer denúncia, não propuser, nos termos do art. 89, da lei nº 9.099/95, a suspensão condicional do processo, a defesa poderá requerê-la, cabendo ao juiz decidir, nos termos do art. 5º, XXXV, da Constituição Federal. Unânime.

Súmula 61

O art. 90 da Lei 9.099/95, ao dizer: "As disposições desta lei não se aplicam aos processos penais cuja instrução já estiver iniciada" quer se reportar apenas às normas puramente processuais, reguladoras da atividade processual e não às de direito material ou de conteúdo misto. Unânime.

Súmula 62

Não sendo encontrado o ofendido para os fins do art. 91, a prescrição passará a correr a partir da data do fato e não do eventual recebimento da inicial acusatória. Unânime.

Súmula 63

O prazo decadencial de 30 (trinta) dias do art. 91 da Lei 9.099/95, quer se referir tão somente às hipóteses de lesões corporais leves e lesões culposas, previstas no art. 88, e que passaram a ser, pela lei nova, de iniciativa pública condicionada à representação, sem prejuízo do enunciado na Súmula 23. Unânime.

Súmula 64

Nos casos de desclassificação de crime mais grave para delito cuja ação penal exija representação (lesões corporais leves ou culposas, e vias de fato) incide o art. 91. Unânime.

Súmula 65

A ausência de previsão recursal na Lei 9.099 não impede a aplicação subsidiária das normas do Código de Processo Penal, por previsão expressa do art. 92 da referida lei. Unânime.

2.
Juizados Especiais Criminais
alguns aspectos

Mário José Gomes Pereira
Desembargador do TJRS

A Lei nº 9.099/95, segundo voz corrente na doutrina, traduz o maior acontecimento de toda a história do Direito Penal Brasileiro. O referido estatuto legal constitui um novo sistema processual, com princípios próprios, afastado dos sistemas e regras do Código Penal e do Código de Processo Penal. Trata-se de diploma que não prevê qualquer providência descriminalizadora, mas sim, adota medidas despenalizadoras, procurando evitar a aplicação da pena de prisão. Em vez de optar pela descriminalização, atendendo ao chamado princípio da intervenção mínima do Direito Penal, o legislador preferiu a despenalização, através do processo.

Daí por que alguns sustentam que a lei foi produzida na contramão da história, dando uma sobrevida desnecessária às pequenas infrações, quando tudo indicava na direção da descriminalização e da despenalização (Alemanha, Cuba).

O estatuto em apreço trouxe modificações que envolvem aspectos relacionados com a efetividade do processo, com o acesso à justiça e a concepção unitária do conflito, revitalizando o papel de vítima e promovendo o *consenso*, palavra-chave para a compreensão dos principais institutos trazidos pelo novo regramento.

A lei em exame trouxe alguns princípios básicos que devem orientar o funcionamento dos Juizados Especiais, como normas gerais de conduta. Dentre estes princípios orientadores temos: a informalidade, o contraditório prévio, a oralidade, a economia processual, a celeridade, a proteção ao interesse da vítima, e a evitabilidade da aplicação de pena privativa de liberdade.

É com os olhos postos nestes princípios, mais do que nas regras ou fórmulas que se deve manejar o sistema adotado pela Lei 9.099/95. Não há lugar, na interpretação e na aplicação desta lei, ao processualismo judiciário, que sempre causa danos ao direito substancial e à própria efetividade da jurisdição.

No entanto, a adoção de tais princípios não pode significar tumulto processual, com a inobservância de regras procedimentais mínimas, em completo desapreço ao devido processo legal.

Quer dizer: a desformalização do processo não pode retirar as garantias de um processo penal justo, onde se preservem os princípios fundamentais inscritos na Constituição Federal.

É neste contexto que se traz à discussão algumas questões de ordem prática, decorrentes do que se observa da aplicação da lei e que surgem exatamente porque mal ou não disciplinadas pelo novo estatuto.

Inicialmente, alguma palavra sobre a previsão de lavratura de termo circunstanciado, no lugar do inquérito policial, e com base no qual o Ministério Público oferecerá eventual denúncia.

Tem-se agora, que nas infrações penais de menor potencial ofensivo não mais é permitida a instauração de inquérito policial. Se a autoridade assim fizer, estará submetendo o agente à injusta coação, remediável por *habeas corpus*. A adoção deste termo circunstanciado, estima-se, é um dos maiores defeitos apresentados pela lei.

Trata-se, como se vê na prática, de simples registro de ocorrência, com singela *notitia criminis*. E é com base neste termo, sem qualquer investigação prévia, que o Ministério Público formará a *opinio delicti*.

O art. 69 da Lei nº 9.099/95, visando a dar maior celeridade ao procedimento investigatório, dispensou a instauração do inquérito policial para apurar as infrações de menor potencial ofensivo.

Em seu lugar, foi instituído o termo circunstanciado, que a autoridade policial deverá lavrar assim que tomar conhecimento da ocorrência.

A finalidade do termo circunstanciado é a mesma do inquérito policial, mas aquele é realizado de maneira menos formal e sem a necessidade de colheita minuciosa de provas.

O termo circunstanciado, portanto, deve apontar as circunstâncias do fato criminoso e os elementos colhidos quanto à autoria, para que o titular da ação possa formar sua opinião delitiva.

O termo, sempre que possível, deverá conter: 1) a qualificação do indigitado autor da infração; 2) a qualificação da vítima; 3) a maneira como os fatos se deram, com a versão das partes envolvidas; 4) a qualificação das testemunhas, bem como um resumo do que presenciaram; 5) os exames que foram requisitados; 6) a assinatura daqueles que participaram da elaboração do termo circunstanciado.

A autoridade policial também fará constar todos os dados que entender relevantes para o desfecho da causa, como os objetos que foram apreendidos, o *croquis* em caso de acidente de veículo, etc.

E para evitar-se demandas penais temerárias, com a sujeição do agente a um indevido procedimento criminal, preconiza-se que o termo circunstanciado seja devidamente fundamentado, com a precisa descrição dos fatos.

Neste rumo, à propósito, precedente do Tribunal de Alçada Criminal de São Paulo, vazado nos seguintes termos: "Juizado especial criminal. Termo circunstanciado sem descrição minuciosa dos fatos. Indeferimento. Necessidade: o termo circunstanciado do art. 69 da Lei nº 9.099/95 deve ser devidamente preenchido, contendo a descrição minuciosa dos fatos que possam configurar, pelo menos em tese, infração de menor potencial ofensivo, devendo ser indeferido, caso isso não ocorra." (*A Lei dos Juizados Especiais Criminais na Jurisprudência*, coordenador Caetano Lagrasta Neto, Ed. Oliveira Mendes, 1999).

Cabe notar ainda, no passo, que a lei dispensa o inquérito policial (art. 77, § 1º), e não a investigação prévia, que se impõe como imperativo lógico, a toda e qualquer acusação.

Aliás, o Tribunal de Alçada de São Paulo já decidiu que "embora a Lei nº 9.099/95 dispense a realização de inquérito policial, é possível a realização de investigações policiais para a verificação da existência da infração penal e colheita de indícios de autoria" (RJTACRIM - São Paulo, nº 34/25).

Mas uma vez remetido a juízo este termo circunstanciado, não se vê possível qualquer pedido de diligências do Ministério Público no sentido da devolução do mesmo à autoridade policial, para diligências complementares, antes do encerramento da fase preliminar.

Tanto é assim, que o TACrimSP concedeu *habeas corpus* com a finalidade de desobrigar o Delegado de Polícia, durante a fase preliminar, de cumprir requisição judicial, entendendo o relator, que "nas hipóteses de incidência da Lei nº 9.099/95, recebido o termo circunstanciado de que fala o art. 69, salvo para corrigi-lo ou esclarecê-lo, não é dado ao Ministério Público ou ao Juiz, sem que antes se confirme a inviabilidade das alternativas previstas nos arts. 72 (composição com a vítima ou aceitação da aplicação imediata da pena não privativa de liberdade), 75 (renuncia à representação quando exigida) e 76 (aplicação imediata da pena restritiva de direitos ou multas), exigir da autoridade policial a oitiva dos envolvidos, juntada de documentos ou outras diligências assemelhadas, destinadas apenas a fornecer elementos indiciários de convicção. Somente na oportunidade de oferecimento da denúncia ou arquivamento, depois de esgotadas as tentativas de transação, é que tais diligências, se absolutamente necessárias, cabem ser requisitadas" (RJTACRIM - 34/444).

Mas lavrado esse termo, será encaminhado ao Juizado Especial, onde será designada audiência preliminar, que visa fundamentalmente à composição, à transação, ao acordo entre os envolvidos, com isso se evitando o processo.

E para que se apraze esta audiência preliminar, o Ministério Público deve indicar qual a infração penal em tese praticada pelo autor do fato.

Tem-se por necessário que haja um mínimo de determinação quanto ao fato típico e sua autoria.

A realização de audiência preliminar e a colocação de alguém como autor do fato já implica um juízo de valor. O Ministério Público somente deve requerer audiência preliminar caso vislumbre a possibilidade de uma ação penal.

Não lhe é dado requerer audiência preliminar se o fato é atípico ou faltam condições para a ação.

Assim: "Juizado especial criminal. Prévia aferição pelo Ministério Público das condições da ação penal. Necessidade: as providências despenalizadoras introduzidas pela Lei nº 9.099/95 pressupõem a viabilidade jurídica de início do feito, só devendo ser cogitadas após prévia aferição pelo Ministério Público das condições da ação penal, pois se o fato for atípico, já estiver extinta a punibilidade pela prescrição ou outra causa, ou se for manifestada a ilegitimidade de parte, descabe sequer a intimação do acusado para audiência preliminar." (*A Lei dos Juizados Especiais Criminais na Jurisprudência*, coordenador Caetano Lagrasta Neto, Ed. Oliveira Mendes, 1999).

Também a indicação mínima do fato típico é essencial para que possa se determinar quem é a vítima, quem deve representar, a quem deve ser feita a proposta de transação penal, qual o responsável civil a ser intimado, etc.

De resto, o autor do fato tem o direito de ser informado, previamente, do fato típico que lhe está sendo imputado.

Aliás, a denominação autor do fato viola o princípio da presunção da inocência, na medida em que não se pode atribuir a autoria do fato a alguém antes que tal seja reconhecido por sentença condenatória.

Agora, outro ponto mal resolvido pela lei em questão.

Segundo a regra de seu art. 75, *"não obtida a composição dos danos civis, será dada imediatamente ao ofendido a oportunidade de exercer o direito da representação verbal"*... Ora, se esta a dicção legal, fica evidente que este direito não poderá ser exercido pelo ofendido antes de tal ocasião.

Mais. Se o parágrafo único do referido artigo reza que *"o não-oferecimento da representação na audiência preliminar não implica decadência do direito, que poderá ser exercido no prazo previsto em lei"*, há que se entender que o prazo para representar é de seis meses a contar da data da audiência preliminar.

Sucede que a Lei 9.099/95 foi estruturada em etapas sucessivas, de modo que somente há lugar para a representação quando frustrada a tentativa de conciliação. Esta conciliação civil somente ocorre em audiência, de modo que antes desta a vítima não poderá ofertar representação. Logo, no momento da audiência, frustrada a tentativa de conciliação, surgirá o direito de a vítima representar. O mesmo aplica-se, mudando o que deve ser mudado, à queixa-crime, já que também nestas hipóteses cabível a transação civil.

Não se vê como possível, em decorrência deste entendimento, que se julgue extinta a punibilidade do agente, sempre que entre o fato e a audiência preliminar decorrer mais de seis meses.

De registrar-se, contudo, ser diverso o entendimento da Turma Recursal Criminal, como assentado na seguinte ementa:

"PRAZO DECADENCIAL. *DIES A QUO*. REPRESENTAÇÃO. A representação poderá ser oferecida perante a autoridade policial, na audiência preliminar, antes ou depois desta, desde que não tenha fluído o prazo previsto nos artigos 38 do Código de Processo Penal e 103 do Código Penal. O artigo 75, parágrafo único da Lei 9.099/95 é expresso a respeito, ao dizer que a representação poderá ser oferecida na audiência preliminar ou no prazo previsto em lei, e não nesta lei. A Lei 9.099/95 não modificou expressamente o início da fluência do prazo decadencial. O Estado tem o dever de se aparelhar para dar imediato atendimento aos institutos da Justiça Consensual, não podendo o ofensor ser prejudicado com a ineficiência do detentor do *jus puniendi*". (Recurso nº 01397508860, Relator Dr. Nereu José Giacomolli, Turma Recursal Criminal, Porto Alegre, 19.09.97. Unânime).

Considera-se, todavia, que tal solução prejudica os interesses da vítima, a quem justamente o legislador procurou prestigiar. O ofendido, por certo, também tem direito ao procedimento estabelecido em lei.

Tem-se que, no ponto, deva prevalecer o entendimento adotado pelo Tribunal de Alçada de São Paulo, nos seguintes termos: "a representação, nos casos disciplinados pela Lei 9.099/95, deve ser oferecida em juízo, em audiência regularmente instalada, após infrutífera tentativa de composição de danos civis, sendo inadmissível sua apresentação perante a autoridade policial" (RJTACRIM - 34/226).

Fosse outro o entendimento - que contraria por completo a dicção legal - admitir-se-ia que o MP oferecesse denúncia baseado no termo de representação policial, o que frustraria o objetivo maior da Lei 9.099/95, que é a despenalização do autor do fato e o ressarcimento dos danos sofridos pela vítima.

Considera-se, assim, que a lei em discussão excepcionou a regra contida no Código de Processo Penal, disciplinando o momento para se oferecer a representação.

Portanto, o art. 75 da Lei nº 9.099/95, ao disciplinar a audiência preliminar como o momento para o oferecimento da representação, nada mais fez do que excepcionar a contagem inicial do prazo para oferecimento da representação, disciplinado, como regra, no art. 38 do CPP.

Por último, e em sintonia com este entendimento, o teor do Enunciado nº 04, tirado no IV Encontro de Coordenadores de Juizados Especiais Cíveis e Criminais do Brasil, realizado no Rio de Janeiro, em novembro de 1998, com a seguinte redação: "A vítima só poderá desistir da representação em Juízo".

Agora, breve consideração sobre o juizado competente para presidir o feito penal.

Segundo a regra, tais procedimentos devem tramitar em Juizados Especiais Criminais, sendo que a ausência de citação pessoal do acusado é uma das causas modificadoras da competência.

Assim, "não encontrado o acusado para ser citado, o Juiz encaminhará as peças existentes ao juízo comum para adoção do procedimento previsto em lei" (art. 66, parágrafo único).

Segundo a cabeça deste mesmo artigo, a citação far-se-á no próprio Juizado, pelo que somente após a denúncia e a tentativa de citação pessoal do réu, no Juizado, teríamos presente a causa modificadora de competência, autorizando a remessa do processo ao juízo comum, onde se adotaria o procedimento desta lei, porque mais benéfica ao acusado. Vale dizer: a remessa dos autos ao Juízo Comum não retira do acusado quaisquer dos direitos previstos na Lei 9.099/95.

A propósito, assim decidiu recentemente nossa Turma Recursal, ao dispor que "só deve o Juizado Especial Criminal cumprir o disposto no art. 66, parágrafo único, da Lei 9.099/95, após ter esgotado todas as diligências à localização do autor do fato".

No 1º Encontro dos Magistrados dos Juizados Especiais do Estado do Rio de Janeiro, realizado em outubro passado, ficou assentada a conclusão de que "o processo só será remetido ao juízo comum após denúncia e tentativa de citação pessoal no juizado especial (por maioria).

Mas nesta audiência preliminar, que se estima não deva ser coletiva, e nem pode ser presidida pelo escrivão ou pelo órgão do Ministério Público, e presente um defensor ao apontado autor do fato, o Juiz deverá esclarecer aos envolvidos as conseqüências da aceitação da proposta de composição dos danos cíveis e da pena não-privativa de liberdade.

Dois fatos então podem ocorrer: a) aceitando as partes a composição dos danos civis, o acordo será homologado pelo Juiz, com eficácia de título executivo perante o Juízo Cível, sendo a sentença homologatória irrecorrível.

Preconiza-se que na lavratura deste acordo fique consignada a extensão do dano indenizável. Isto é, fique assentado tratar-se de indenização por dano material, moral, estético, etc.

Na hipótese de não ser possível aferir-se da exata dimensão do dano, que pode aumentar após a realização da audiência preliminar, surge a possibilidade de uma composição parcial, reservando-se o direito de o lesado pleitear, posteriormente, no juízo cível, a indenização total dos danos; b) se as partes não aceitarem a composição dos danos cíveis, a vítima poderá oferecer representação oral, que será tomada a termo. Da mesma forma, o querelante poderá oferecer queixa-crime verbal. E caso não o façam na audiência preliminar, poderão exercer tais direitos no prazo decadencial de seis meses, como previsto nos arts. 103 do Código Penal e 38 do CPP.

Outro ponto em que há forte dissenso entre os operadores jurídicos é o que diz respeito à natureza jurídica da transação penal. Seria ato discricionário do MP ou direito subjetivo do autor do fato?

Para alguns, a transação penal é ato consensual bilateral, que depende de acordo mútuo entre o MP e o autor do fato. Resulta daí, que não é dado ao Juiz propor a transação penal, porque tal iniciativa violaria o princípio acusatório. Afinal, não é função do Judiciário propor a pena, mas sim aplicá-la.

Mas não impressiona, senão aparentemente, a opinião de que o Juiz, ao conceder a transação, a pedido do autor do fato, estaria exercendo jurisdição sem a ação. A aplicação imediata de pena (ou missão social acordada ou medida alternativa), é um dever do Ministério Público e um direito do réu, sendo certo que, na hipótese de a acusação recusar-se a fazer a proposta, o Juiz tem o dever de fazê-lo de ofício, pelo fato de lhe ser vedado deixar de aplicar qualquer dispositivo mais benéfico ao acusado.

Atribuir exclusivamente ao Ministério Público o pedido de transação violaria o princípio da isonomia processual, que é uma conseqüência do princípio do contraditório.

E se a recusa do MP em formular a transação penal ou mesmo a suspensão condicional do processo tem como fundamento razão não contida em lei, cabe ao Poder Judiciário reparar esta lesão ao direito individual, com a formulação de propostas pelo órgão jurisdicional. Incide aqui, pontualmente, a regra constitucional de que nenhuma lesão a direito individual pode ser subtraído ao conhecimento do Poder Judiciário.

E esta proposta de transação criminal, ainda em fase preliminar, é prejudicial ao próprio processo. Só haverá processo se não se alcançar a transação penal.

Quando aplicada, por força da transação, a pena de multa, e esta não for satisfeita voluntariamente, cumpre executá-la, nos moldes da execução fiscal.

E o Juízo competente, apesar das controvérsias sobre o assunto, deve ser o Juízo das Execuções Criminais.

Segundo nossa Turma Recursal, a pena de multa descumprida não pode ser convertida em restritiva de direitos, por falta de previsão legal.

A leitura do acórdão, entretanto, deixa entrever que tal seria possível se na proposta aceita e homologada ficasse assentada a conversão da multa em restritiva de direitos, caso insatisfeita a pena pecuniária, em prazo também constante do acordo.

Neste sentido, aliás, vários precedentes judiciais, nos seguintes termos: "Após a edição da Lei 9.268/96, que deu nova redação ao art. 51 do Código Penal, o inadimplemento da obrigação pecuniária contraída na conformidade do disposto no art. 76 da Lei 9.099/95, não pode levar à conversão da multa na privativa de liberdade, mas pode acarretar sua transmudação em restritiva de direitos" (*Leis Penais Especiais e sua interpretação jurisprudencial*, vol. 2, p. 1.815).

No entanto, se for aplicada a pena restritiva de direitos, e o agente não a cumprir, surgem várias soluções no meio jurídico. Segundo alguns, o juiz não deve homologar a transação penal enquanto não cumprida a pena não-privativa de liberdade, retomando o processo, em caso de descumprimento. Para outros, aplica-se a norma do art. 45, II, do CP, convertendo-se a pena restritiva imposta em pena privativa de liberdade. Considera-se, contudo, que nenhuma destas soluções merece o prestígio dos lidadores do direito.

A uma, porque necessária a prévia homologação judicial do acordado, pena de não se ter título executivo passível de execução. A outra, porque o agente que aceitou determinada pena não pode ser surpreendido, adiante, e sem seu consentimento, a cumprir pena diversa daquela pactuada.

Cogita-se, então, como alternativa possível na hipótese de descumprimento da pena restritiva de direitos, que se torne insubsistente o ato que a impôs, ensejando ao Ministério Público que adote a providência que buscou evitar ao oferecer proposta alternativa de pena ao autor do fato: o oferecimento de denúncia e o efetivo exercício do direito de acusação.

Incide no ponto, analogicamente, a regra do art. 89, § 4º, IV da lei em apreço. Vale dizer: descumprida a transação, impende prosseguir-se na persecução penal, oferecendo-se denúncia ou baixando-se os autos à Delegacia de Polícia para novas investigações.

Tal solução parece imperativa, vez que a transação, segundo a clara letra da lei, não acarretará qualquer efeito de natureza civil ou penal (art. 76, §§ 4º e 6º, da Lei nº 9.099/95).

A rescisão da transação, portanto, não pode redundar na imediata aplicação da pena, mas sim, naquilo que foi objeto da transação, qual seja, o processo penal.

Tem-se, contudo, que qualquer uma dessas providências deve ser precedida de decisão judicial, que após oportunizar o exercício do contraditório, declare insubsistente a transação penal.

Indaga-se, agora, da possibilidade de serem deprecados os atos próprios da transação penal. Estima-se ser viável a extração de carta precatória para a realização de audiência preliminar, com a formulação de proposta de transação, sobretudo quando a espécie não comportar o acordo cível. Neste rumo, aliás, os Ofícios-Circulares n⁰s 23/96 e 54/97, da Corregedoria-Geral da Justiça do nosso Estado, e o Enunciado n⁰ 13 do IV Encontro de Coordenadores de Juizados Especiais, assim ementado: "É cabível o encaminhamento de proposta de transação através de carta precatória".

Tem-se, ademais, que a lei 9.099/95 autoriza a deprecação de todos os atos, com exceção do interrogatório, que é o último ato da instrução processual, a ser presidido pelo juiz da causa, e bem assim dos atos decisórios.

Mas poderá não haver o consenso, não sendo possível a efetivação da transação penal pelo acordo. Nesse caso, seguirá o feito o rito sumaríssimo, previsto nos arts. 77 e seguintes da lei em exame.

O rito sumaríssimo necessariamente pressupõe a fase preliminar, na qual se esgotaram os mecanismos que buscam o consenso.

Vencida esta etapa, caberá ao Ministério Público oferecer denúncia, que poderá ser oral ou escrita.

Em qualquer das hipóteses, a denúncia deve conter uma imputação clara e concreta, sob pena de ofender a amplitude defensiva.

Há que se observar, no ponto, o princípio da concretitude da ação penal. A denúncia não pode ser criação mental do acusador, simples peça de ficção jurídica.

Sendo caso de ação penal privada, a queixa também poderá ser proposta oralmente.

Oferecida a acusação e designada audiência de instrução e julgamento, cumpre ao Juiz, embora a lei não seja explícita a respeito, fazer nova proposta de composição civil ou transação penal. E uma vez ocorrendo composição nesse momento, abre-se exceção à regra de que a ação penal, uma vez oferecida, torna-se irretratável.

Iniciada a audiência, não ocorrendo a composição civil ou a transação penal, o primeiro ato é a resposta à acusação, antes do recebimento da denúncia ou queixa. Esta providência é muito inobservada, porque a denúncia vem sendo recebida antes da defesa prévia. E esta defesa oral, efetivamente prévia, é uma vantagem ao exercício da defesa, que tentará obstar o recebimento da denúncia ou queixa. A possibilidade de a defesa se manifestar previamente à decisão judicial sobre a admissibilidade da ação penal, conduz a um processo de igualdade e paridade de armas, realizado sob a égide do sistema acusatório.

Cumpre ao Juiz, neste momento processual, examinar se presentes as condições da ação penal e se há justa causa para tanto (prova da existência do fato típico e indícios de autoria).

Uma vez recebida a peça acusatória, e concedida a suspensão condicional do processo, estima-se que o Juiz não deva inserir entre as condições, o pagamento de multa ou a prestação de serviços à comunidade, que têm a natureza de penas.

Ao suspender o processo, o Juiz submete o acusado a período de prova, subordinado a condições, e não sob penas.

Por isto mesmo que o Ofício-Circular nº 32/96-CGJ recomenda que na suspensão condicional do processo sejam evitadas as condições tidas pelo ordenamento jurídico como penas (prestação de serviços à comunidade, limitação de fim de semana, interdição temporária de direitos, etc.).

Estima-se, também, que a proposta de suspensão do processo não pode conter condições diversas daquelas arroladas no art. 89 da Lei nº 9.099/95. É que nesta fase consensual do processo não pode haver exorbitâncias, devendo as condições do *sursis* antecipado cingir-se àquelas previstas em lei.

A regra em questão, porque submete o acusado a restrições, não permite interpretação extensiva. Concede-se, sim, que as condições fixadas no *sursis* processual fiquem aquém do quanto estabelecido em lei, não se cogitando, todavia, que sejam distintas ou mais gravosas do que aquelas.

Mas não aceito o *sursis antecipado*, todas as provas devem ser produzidas na audiência de julgamento. A imediata relação entre o Juiz e a prova conduz à exigência do princípio da identidade física do Juiz, nos Juizados Especiais Criminais. Assim, frente ao princípio dos Juizados, ela é uma conseqüência lógica, pois a colheita da prova é oral e, conseqüentemente, se outro for o Juiz, não poderá valorá-la corretamente.

Desta forma, os princípios da oralidade, da imediação e da concentração ganham especial relevo, diante da audiência da instrução e julgamento das infrações de menor potencial objetivo.

Vale dizer, doutro modo, que as regras do Juizado Criminal acolheram integralmente a necessidade da vinculação ao julgamento do Juiz que presidiu a audiência concentrada de instrução.

O interrogatório do acusado, agora meio de defesa por excelência, só poderá ser feito após ouvidas a vítima e as testemunhas, de forma que conheça o contexto probatório e possa optar pelo silêncio, em sendo o caso.

Uma vez recebida a peça acusatória, todas as provas devem ser produzidas na audiência de julgamento, podendo o juiz limitar ou excluir as que considerar excessivas, impertinentes e protelatórias. Vale notar, no entanto, que o juiz deve ter muito cuidado nessa limitação ou exclusão, para que não ofenda o direito à prova, que se traduz num dos direitos fundamentais do acusado no processo.

Produzida a prova, e colhidos os debates orais, o juiz pode proferir sentença, que, embora dispense o relatório, deve ser motivada, mencionando os elementos de convicção do Julgador.

E desta sentença caberá apelação, ou, sendo o caso, embargos declaratórios.

Ciente da decisão, o Ministério Público ou o querelante, se for o caso, e o réu, terão o prazo único de dez dias para, por petição escrita, interpor apelação.

A lei dispõe de forma diversa em relação ao prazo e em relação à sistemática do recurso, porque a parte não mais terá um prazo para interpor o recurso e outro para oferecer as razões. Agora o prazo é único para interposição e juntada de razões.

Por isso mesmo, não se faculta mais que a apresentação das razões se faça junto ao órgão do segundo grau, no caso a Turma Recursal, constituída por Juízes de primeira instância, e que se constitui em figura nova na organização processual penal brasileira.

Nossa Turma Recursal Criminal, ao início, não conhecia do apelo desacompanhado das respectivas razões recursais, forte no que dispõe o art. 82, § 1º, da Lei 9.099/95.

Atualmente, a Turma Recursal vem conhecendo dos recursos interpostos por petição, com a apresentação posterior de razões, quando assim recebido e processado o recurso na origem. Parece, contudo, que o Juízo originário não deve receber o recurso quando interposto sem observância da forma legal.

Quanto à competência, bem assentado que além dos crimes contra a honra, são excluídas da competência do Juizado Especial Criminal todas as infrações para os quais a lei preveja procedimento especial.

E quanto à competência recursal, tem o colegiado se dado por competente para apreciar toda e qualquer manifestação de inconformidade decorrente de decisões proferidas no Juizado Especial Criminal, ainda que veiculadas sob forma de correição parcial, *habeas corpus* ou mandado de segurança.

Uma palavra final sobre os crimes de trânsito ante a Lei 9.099/95.

A regra inscrita no art. 291, parágrafo único, do Código de Trânsito, que manda aplicar aos crimes de lesão corporal culposa, de embriaguez ao volante e de participação em competição não autorizada, o disposto nos arts. 74, 76 e 88 da Lei 9.099/95, não alarga, por via oblíqua, o conceito de crimes de menor potencial ofensivo e nem amplia a competência do Juizado Especial.

Tais crimes têm pena superior a um ano, por isto que não se ajustam à regra do art. 61 da Lei 9.099/95, que define como infração penal de menor potencial ofensivo os delitos com a pena máxima de até um ano.

E tanto não são infrações penais de menor potencial ofensivo, que foi preciso uma referência expressa para que algumas disposições da Lei 9.099/95 fossem a eles aplicadas.

Em conseqüência, estes crimes não estão na competência do Juizado Especial, devendo ser processado no Juízo comum, onde se deve dar oportunidade para a tentativa de conciliação, com a composição dos danos, quando for o caso, e a transação, com a proposta de aplicação imediata de pena não privativa de liberdade.

Mais. Para tais crimes estão vedados, por exemplo, a adoção do rito sumaríssimo e o julgamento dos recursos por turmas recursais compostas por juízes de 1ª instância.

Dessa forma, para os crimes em tela é cabível a prisão em flagrante, e a fase policial deve ser realizada por meio de inquérito, e não por simples termo circunstanciado.

Na seqüência, deve ser realizada audiência preliminar, no juízo comum. Nessa audiência, será tentada inicialmente a composição de danos civis, que uma vez efetivada e homologada importará na extinção da punibilidade do agente. Não obtido êxito nessa composição civil, a vítima poderá oferecer a representação.

Essas duas primeiras fases da audiência preliminar, entretanto, serão aplicáveis apenas ao crime de lesões culposas.

Em seguida, para os três crimes deve ser tentada a transação penal, visando à aplicação imediata de pena de multa ou restritiva de direitos.

Finda a audiência preliminar, sem se alcançar a transação penal, os autos serão remetidos ao MP, para análise (vedada a denúncia oral). Oferecida a denúncia escrita, que poderá ser acompanhada de proposta de suspensão condicional do processo, será seguido o rito sumário (arts. 538 e seguintes do CPP), e eventuais recursos serão julgados agora pelo Tribunal de Justiça do Estado.

3.
Termo circunstanciado na Lei 9.099

Genacéia da Silva Alberton
Desembargadora do TJRS

A Lei 9.099 tem levado os operadores do direito a uma constante análise do texto legal, tendo em vista as mudanças que a lei dos Juizados Especiais trouxe em termos de procedimento e de visualização da justiça criminal.

Afastamo-nos de uma justiça predominantemente conflitiva e punitiva para abrirmos espaço a uma justiça criminal de consenso, pedagógica e de soluções alternativas à aplicação da pena privativa de liberdade.

O papel da autoridade policial, aparentemente, também tomou um contorno menos investigativo no caso de infrações de menor potencial ofensivo.[1] De acordo com o art. 69 da Lei 9.099, a autoridade policial, ao tomar conhecimento de ocorrência tipificada como infração de menor potencial ofensivo, lavrará termo circunstanciado, encaminhando-o imediatamente ao Juizado.

Desde que intitulado como "termo circunstanciado" como tal é distribuído no Judiciário. Como conseqüência, a pessoa apontada como autora da infração

---

[1] De acordo com o art. 61 da Lei 9.099, são consideradas infrações de menor potencial ofensivo os delitos cuja pena máxima cominada não seja superior a um ano, excetuados os casos em que a lei preveja procedimento especial.

41

constará como "processada".[2] É evidente, pois, que a efetiva identificação da natureza do "termo circunstanciado" tem sua importância prática, não só para afastar equívocos, mas também para suscitar reflexão sobre o tema.

Faremos, pois, uma rápida análise do assunto. Veremos as características do inquérito policial para relacioná-las com as do termo circunstanciado previsto na Lei 9.099, demonstrando as diferenças e o real enfoque a ser dado ao sistema estabelecido na Lei do Juizado Especial.

O inquérito policial, segundo Tourinho Filho, é "*o conjunto de diligências realizadas pela Polícia Judiciária para a apuração de uma infração penal e sua autoria, a fim de que o titular da ação penal possa ingressar em juízo*".[3]

No mesmo sentido se manifesta Hélio Tornaghi, para quem o inquérito se apresenta como "investigação do fato, na sua materialidade, e da autoria.[4]

De natureza eminentemente inquisitorial, o inquérito se destina a conseguir elementos para que o titular da ação penal possa agir contra aquele que praticou o delito. Procura a autoridade pesquisar, apurar acerca da ilicitude do fato, colhendo prova da materialidade, autoria, tomando as providências necessárias para preservar os vestígios deixados pela infração (art. 4º e art. 13 do Código de Processo Penal).

Embora o inquérito seja em regra policial, o próprio art. 4º demonstra a possibilidade de inquéritos extrapoliciais ao admitir que a atribuição cometida à autoridade policial não exclui a de outras autoridades administrati-

---

[2] No Rio Grande do Sul, em virtude de orientação da Corregedoria-Geral da Justiça, os termos circunstanciados são distribuídos como "processos" para fins estatísticos, sendo lançados no Tombo Criminal. Isso porque, se houver extinção da punibilidade do autor da infração pela composição civil (art. 74 da Lei 9.099) ou por transação (art. 76), as anotações devem estar vinculadas a um procedimento devidamente cadastrado. (O.C. nº 23/96).

[3] *In Processo Penal*. 15ª ed. São Paulo: Saraiva, 1994, v. 1, p. 177.

[4] In: *Instituições de Processo Penal*. 2ª ed. São Paulo: Saraiva, 1977, v. 2, p. 249.

vas. Lembremos, aqui, os inquéritos policiais militares, instaurados para a averiguação de crime militar e os inquéritos parlamentares instaurados pelas Comissões Parlamentares. Esses não ficaram abolidos em face do art. 144, § 4º, da Constituição Federal, que estabeleceu às polícias civis as funções de polícia judiciária, a de apuração de infrações penais, exceto as militares. O que a Constituição quis delimitar foi a atuação da polícia civil, dando-lhe força de tal sorte que determinou, no mesmo artigo, a obrigatoriedade de que a direção seja realizada por delegados de polícia de carreira. Enquanto instrumento para atuação de segurança pública, temos a polícia ostensiva e a polícia judiciária. Esta tem por objetivo o atendimento de investigação, apuração de infrações penais e de indicação de sua autoria a fim de fornecer os elementos necessários ao Ministério Público em sua função repressiva das condutas criminosas através da ação penal pública.[5]

Na linha de simplificação e do acesso efetivo à justiça, foi afastada a necessidade de inquérito policial para apuração de infrações de menor potencial ofensivo (art. 69 da Lei 9.099). Na atuação da polícia judiciária, o inquérito deixou de ser o único instrumento hábil para a apuração de infrações, surgindo o termo circunstanciado.

Aliás, esse é o espírito que norteia a reforma processual penal. Isso porque ao detectar os pontos de estrangulamento do sistema, os integrantes da comissão de reforma legislativa procuraram estabelecer medidas de desburocratização com escopo de tornar mais efetiva a atividade de persecução criminal e de exercício do *jus puniendi* do Estado.

---

[5] SILVA, José Afonso da. *Curso de Direito Constitucional Positivo*. 10ª ed., São Paulo: Malheiros, 1995, p. 710.

Ao apresentar as propostas de alteração do Código de Processo Penal, na exposição de motivos, a Comissão apontou como uma das principais inovações *"a melhor disciplina do inquérito policial, com substituição deste pela 'autuação sumária'"* nas infrações penais de menor potencial ofensivo (D.O.U. 25.11.94: 17855). Tal proposta se consubstanciou em parte na Lei 9.099. Pelo art. 69 da referida Lei, a autoridade policial que tomar conhecimento da fato que se enquadre como infração de menor potencial ofensivo deverá lavrar termo circunstanciado e o encaminhará imediatamente ao Juizado, com o autor do fato e a vítima, providenciando as requisições dos exames periciais necessários.

Com o termo circunstanciado se persegue a agilização da atividade policial e conseqüente celeridade na prestação jurisdicional. Se o objetivo do legislador foi abolir o inquérito policial para as infrações de menor potencial ofensivo e não o substituiu por ocorrência policial, criando a figura do "termo circunstanciado", a dedução lógica é de que o termo circunstanciado não se confunde com o mero registro de ocorrência. Não haveria necessidade de criar nomenclatura nova para rotular procedimento já em uso.

A criação de uma nova terminologia significa, sem sombra de dúvidas, que se estabeleceu uma nova situação. O termo circunstanciado é, necessariamente, menos do que o inquérito, mas não é mero registro de ocorrência, é mais do que isso. Trata-se de uma ocorrência qualificada com dados que podem dar suporte ao exercício da pretensão punitiva do Estado.

Cumpre, então, questionar qual o verdadeiro delineamento do "termo circunstanciado", já que com o inquérito policial não se confunde e as semelhanças e diferenças em relação ao mero registro de ocorrência, pois também com ele não se identifica.

Considerando a natureza do presente comentário, não cabe análise exaustiva dos diferentes posicionamentos, motivo pelo qual aponto apenas o que dizem alguns dos exponenciais na área criminal quanto ao tema.

Para Damásio de Jesus, "um simples boletim de ocorrência circunstanciado substituiu o inquérito policial. Deve ser sucinto e conter poucas peças, garantindo o exercício do princípio da oralidade".[6] Para ele, equivale a uma "autuação sumária."[7]

No mesmo sentido se manifesta Ada Pellegrini Grinover, entre outros: *"o termo circunstanciado da lei e a autuação sumária do substitutivo são uma única e só coisa, bastando, para o exato cumprimento da Lei 9.099, a indicação no boletim de ocorrência, do autor do fato e do ofendido e a relação das testemunhas."*

E continua:... *haverá necessidade de se descrever, ainda que sucintamente, o fato com suas circunstâncias, uma vez que esse dado servirá de base para a apresentação de denúncia ou queixa".*[8]

Ora, no Anteprojeto do Código de Processo Penal já se apontava, no art. 4º, o procedimento de "autuação sumária" na apuração de ocorrência e autoria de infrações de menor potencial ofensivo, deixando o inquérito policial para os demais crimes.[9]

Aliás, no art. 5º, § 4º, do Anteprojeto (D.O.U. 25.11.94), estabelecia-se a necessidade de ser registrado o fato, com a indicação do autor, o ofendido, relação de testemunhas e requisições de exames periciais necessários. Conclui-se, pois, que não basta a mera informação

---

[6] *In: Lei dos Juizados Especiais Criminais Anotada.* São Paulo: Saraiva, 1995, p. 49.

[7] Esse posicionamento é criticado pelo eminente processualista Rogério Lauria Tucci porque, na reforma processual setorial, a autuação sumária deveria conter outros elementos, e não apenas o certificador de ocorrência. V. "A Lei dos Juizados Especiais criminais e a polícia militar". *In Revista Literária de Direito.* Ano II, Número 11, maio/junho de 1996, p. 30.

[8] *In:* GRINOVER, Ada Pellegrini., GOMES FILHO, Antônio Magalhães, FERNANDES, Antônio Magalhães, GOMES, Luiz Flávio. *Juizados especiais criminais.* São Paulo: RT, p. 98.

[9] *In: Breves considerações sobre a reforma do Código de Processo Penal.* RT 721: 377.

do ofendido, sem qualquer outro sustentáculo para a lavratura de "termo circunstanciado" porque, se assim o for, nada terá de circunstanciado.

Configura-se o termo circunstanciado no documento lavrado pela autoridade policial hábil a dar início à fase preliminar perante o Juizado Especial Criminal com a identificação do fato delituoso, autor, ofendido, breve resumo do ocorrido, rol de testemunhas e elementos indiciários da materialidade sempre que possível.[10] Esse é o termo que dá base ao procedimento de autocomposição da lide penal, quer seja através da conciliação, quer da transação penal. Eis a sua fundamental importância.

Temos ainda mais uma questão que interessa apontar: necessidade ou não da representação na fase policial. Em se tratando de infração em que o exercício da ação está condicionada à representação, esta deverá ser realizada na Polícia.

Mas esta é uma questão polêmica que surgiu face à redação do artigo 75 da Lei 9.099. Isso porque o legislador estabeleceu no referido artigo que, não obtida a composição dos danos civis, deverá ser oportunizado ao ofendido exercer a representação.

Lembremos que a própria Lei 9.099, no seu art. 92, estabelece a aplicação subsidiária do Código Penal e do Código de Processo Penal nos casos em que não houver incompatibilidade com a lei dos Juizados Especiais. Portanto, aplica-se ao termo circunstanciado a necessidade de representação prevista para o inquérito policial (art. 5º, inc. II do Código de Processo Penal).

Para dar prosseguimento ao termo, precisa a autoridade policial ter autorização da parte que detém a legitimidade para efetivar representação contra o autor da infração. O simples ato de registrar a ocorrência não

---

[10] A possibilidade de que o "termo circunstanciado" seja lavrado também por autoridade militar é defendida por Rogério Lauria Tucci. V. "A Lei dos Juizados Especiais Criminais e a Polícia Militar". *In: Revista Literária de Direito*. nº 11, 1996, pp. 27-31.

substitui a representação, embora, no III Encontro Nacional de Coordenadores de Juizados Especiais, realizado em Curitiba, nos dias 4 e 5 de maio de 1998, entre as conclusões criminais, tenha se estabelecido que a simples manifestação junto à autoridade policial caracteriza representação tácita.[11]

Embora não se exija formalismo[12] na manifestação da vítima ou daquele com legitimidade para representar, importante é que seja dado conhecimento das conseqüências do termo circunstanciado. Isso porque ele representa, no caso, a autorização do legitimado para que o Estado atue sobre o autor da infração com a *persecutio criminis*. A representação passa a ser condição de procedibilidade para a atuação do Ministério Público.

Acrescente-se a isso a circunstância de que o ofendido, muitas vezes, registra o fato apenas para preservar eventuais conseqüências civis, não tendo interesse em que haja uma efetiva perseguição criminal contra o autor da infração. Isso é comum nas infrações decorrentes de brigas entre familiares ou nos crimes de dano.

O fato de dispor o art. 75 sobre a representação em juízo não significa que ela é desnecessária na fase policial, mas, sim, que não havendo interesse em dar prosseguimento para a instauração da demanda penal, na fase pré-processual, pode a vítima retratar-se, eis que não foi modificado o art. 25 do Código de Processo Penal quanto à retratação que poderá ocorrer a qualquer momento antes do oferecimento da denúncia. Além do

---

[11] *"Conclusões Criminais:* 3. O início da prova para o exercício da representação do ofendido começa a contar do dia do conhecimento da autoria do fato, observado o dispositivo no Código de Processo Penal ou Legislação Específica. A manifestação junto à autoridade policial caracterizará representação tácita".

[12] Nas conclusões do I Encontro de Magistrado sobre Juizados Especiais Cíveis e Criminais, realizado no Rio de Janeiro, no Enunciado XVI, por unanimidade, entenderam os magistrados que "A Representação de Barra", constante no RO é válida, tendo em vista ser dispensável qualquer formalidade para a representação" (*Apud.*: ADV-COAD, Informativo Semanal 44/97, p. 567).

mais, se ela não tiver ocorrido, poderá se realizar em audiência.

A celeridade e informalidade que norteiam as condutas dos atos procedimentais previstos na Lei 9.099 devem conduzir à efetividade da atividade policial e judiciária, e não ao seu descrédito. Eis o motivo pelo qual não deverá ser encaminhado "termo circunstanciado" apenas com a informação da pretensa vítima como único elemento de convicção ou sem representação nas hipóteses em que ela se fizer necessária.

Assim, embora não tenha o cunho de inquérito, mantém o termo circunstanciado a natureza de elemento básico preliminar de identificação da infração e do autor da mesma. Embora pareça óbvio, não é demasia enfatizar que, se não ficar evidenciada a existência de infração penal, não se lavrará termo circunstanciado, pois se a autoridade policial o fizer ou permitir que se faça, o mesmo será fadado ao arquivo, aumentando o descrédito do povo nas providências policiais e judiciárias.

Se houver infração e não houver identificação do autor do delito, também será inócuo o termo e da mesma forma se houver como elemento de prova apenas a informação isolada da vítima sem qualquer outro resquício evidenciador do fato.

Aliás, é importante ressaltar que a lei não impediu a instauração de inquérito policial no caso de infração de menor potencial ofensivo, apenas não o obrigou. Logo, se não for possível a identificação do autor da infração e a tipificação adequada dos fatos, não pode esse expediente vir a Juízo, cumpre a instauração de inquérito, o que se coloca apenas para fins de raciocínio. Isso porque as infrações de menor potencial ofensivo são simples e, dificilmente, surgirá dificuldade na elaboração de um termo circunstanciado com os dados indispensáveis ao prosseguimento regular em juízo.

Cabe também um alerta a todos nós, operadores do Direito, em face da realidade com a qual nos deparamos.

48

Se o termo não contiver os elementos mínimos indispensáveis para a identificação do autor da infração e configuração de ilícito, não cumpre a designação de audiência preliminar, mas, sim, arquivamento *ab initio*. É certo que para acompanhar as mudanças corajosas que foram impostas pela Lei 9.099 é necessário identificar as alterações do processo penal, começando pela efetiva configuração do termo circunstanciado. O sucesso da Lei do Juizado Especial e a sua credibilidade perante a opinião pública dependerão de sua adequada aplicação.

Desejamos, com essas breves considerações, lançar alguns aspectos que nos pareceram importantes na análise do tema que, sem dúvida, merece outras reflexões no contexto das alterações normativas trazidas pela Lei 9.099.

4.
Considerações sobre o Juizado Especial Criminal
Competência, infrações de menor potencial ofensivo e audiência preliminar

Genacéia da Silva Alberton
Desembargadora do TJRS

SUMÁRIO: 4.1. Lei 9.099 e a Constituição Federal; 4.2. Juizados especiais criminais - disposições gerais; 4.3. Infrações de menor potencial ofensivo; 4.4. Competência; 4.5. Critérios informativos; 4.6. Fase preliminar; 4.6.1. Termo circunstanciado e flagrante; 4.6.2. A audiência preliminar: conciliação, transação e questões relativas à representação.

A Lei 9.099, de 26 de setembro de 1995, com vigência a partir de 26.11.95, dispôs sobre os Juizados Cíveis e Criminais, introduzindo importantes modificações no Direito Processual brasileiro, tanto cível quanto criminal.

A nossa análise ficará restrita ao aspecto criminal, apontando, do ponto de vista prático, a aplicação da Lei 9.099, sua abrangência, identificando o que sejam as infrações de menor potencial ofensivo e questões relevantes quanto à audiência preliminar.

Embora muito já se tenha escrito sobre os Juizados Especiais, com a publicação de obras de conceituados mestres e estudiosos[1], o tema ainda mantém pontos polêmicos que exigem reflexão.

A cada dia a realidade vai nos mostrando inúmeras hipóteses aparentemente sem respostas e vamos, pouco a pouco, consolidando soluções dentro de uma inovadora ótica de política criminal.

É inegável que a norma, ao ser publicada, não pertence mais a seus autores, mas, sim, à comunidade jurídica, à sociedade que a recebe. Por isso, a menor importância que se dá à *mens legislatoris*, dando-se mais ênfase à *mens legis*.[2] Assim, temos a lei (Lei 9.099), mas é no dia-a-dia forense que ela está ganhando vida.

Logo, não se faz despiciendo nos debruçarmos sobre a Lei 9.099, trançando algumas linhas a respeito de suas diretrizes, apontando questões polêmicas e soluções que têm se apresentado na sua aplicação.

4.1. Lei 9.099 e a Constituição Federal

Ao discorrer sobre a Lei 9.099, o Ministro Luiz Vicente Cernicchiaro destaca a importância do exame da

---

[1] V.g. GOMES, Flávio Luiz. *Suspensão condicional do processo*. São Paulo: RT, 1995; GRINOVER, Ada Pellegrini & outros. *Juizados especiais criminais*. São Paulo: RT, 1995; JESUS, Damásio de. *Lei dos juizados especiais criminais anotada*. São Paulo: Saraiva, 1995; FIGUEIRA JÚNIOR, Joel Dias & LOPES, Maurício Antônio Ribeiro. *Comentário à lei dos juizados especiais cíveis e criminais e alternativas à pena de prisão*. Porto Alegre: Livraria do Advogado, 1995; DEMERCIAN, Pedro Henrique & MALULY, Jorge Assaf. *Juizados especiais criminais*. Rio de Janeiro: AIDE, 1996.

[2] A aplicação do preceito legal às situações concretas possibilita maior ou menor amplitude, isto é, ficar adstrita aos casos expressamente declarados ou ser aplicada a situações não-previstas. Dois critérios, então, podem ser propostos, o da *mens legislatoris* e da *mens legis*. Segundo a *mens legislatoris*, a interpretação se dá tendo em vista a vontade originária do legislador, reconstruída pela interpretação histórica. Por outro lado, o critério da *mens legis* considera o preceito independente da vontade do legislador, pois está desvinculado do seu agente e tem significado próprio. Nesse caso, a interpretação histórica tem importância secundária. V. COELHO, Fernando. *Lógica jurídica e interpretação das leis*. Rio de Janeiro: Forense, 1981.

natureza jurídica da norma constitucional que dispõe acerca da criação dos Juizados Especiais Criminais.[3] Observamos, então, que, de acordo com o art. 98, inc. I, da Constituição Federal, cumpre à União e aos Estados criarem "juizados especiais, providos por juízes togados, ou togados e leigos, competentes para a conciliação, o julgamento e a execução de causas cíveis de menor complexidade e *infrações de menor potencial ofensivo, mediante os procedimentos oral e sumaríssimo, permitidos, nas hipóteses previstas em lei, a transação e o julgamento de recursos ou turmas de juízes de primeiro grau* (grifei)".

Seria tal disposição meramente procedimental? Se o fosse, poderia cada Estado promulgar lei própria, porque, no que se refere a procedimento, há competência concorrente entre União e Estados (art. 24, inc. XI, da Constituição Federal).[4]

Entretanto, a regra constitucional que prevê a transação, em decorrência de seus efeitos penais, tem natureza material e somente à União cabe legislar em matéria penal (art. 22, inc. I, Constituição Federal).[5]

Se é privativo da União legislar em matéria penal e processual, como se compreende a competência concorrente dos Estados em matéria procedimental?

Devemos entender a matéria do inc. XI do art. 24 da Constituição Federal como sendo relacionada a procedimentos administrativos.[6] Por isso compete, por exemplo, ao Estado legislar sobre Organização Judiciária.

---

[3] "Lei 9.099, de 26 de setembro de 1995 - algumas observações." *In: Revista brasileira de ciências criminais.* nº 13, p. 121-129.

[4] Compete à União, aos Estados e ao Distrito Federal legislar concorrentemente sobre: XI - procedimento em matéria processual.

[5] Compete, privativamente, à União legislar sobre: I - direito civil, comercial, *penal, processual,* eleitoral...

[6] O processo, num sentido amplo, significa o conjunto de atos e formas, modos a serem seguidos pelas partes para obtenção de um *decisum.* Num sentido restrito, significa instrumento hábil à obtenção da tutela jurisdicional do Estado, instrumento da jurisdição e relação jurídica autônoma do direito material discutido, tendo caráter público. O conjunto de atos formais e sucessivos dentro do processo chama-se procedimento, que é o processo em sua dinâmica. V. MIRABETE, Julio Fabbrini. *Processo penal.* São Paulo: Atlas, 1991.

Portanto, inobstante o disposto no art. 98, inc. I, e no art. 24, inc. X, da CF/88, segundo o qual ao Estado, concorrentemente com a União, caberia legislar sobre a criação, funcionamento e processo do juizado de pequenas causas, para a configuração do que seriam as infrações de menor potencial ofensivo, assim como em relação à transação, precisaríamos legislação federal. Após a legislação federal, caberia aos Estados a organização dos Juizados.

Deve, todavia, ser consignada a atuação corajosa assumida em alguns estados brasileiros, que, mesmo sem regulamentação federal, criaram seus Juizados. Foi o caso do Mato Grosso do Sul, Mato Grosso e Paraíba. O Juizado de Mato Grosso, por exemplo, foi regulado pela Lei 1.071, de 1990.

Mantida a orientação no STF de que a citação dos Juizados Criminais nos Estados dependia de lei federal,[7] foi intensificado o trabalho em torno de anteprojeto de lei que disciplinasse a matéria, dando subsídio à Lei dos Juizados Especiais.[8]

A Lei 9.099, embora aparentemente simples, causou efetivo impacto no sistema processual penal brasileiro, flexibilizando princípios fundamentais do direito processual garantidos constitucionalmente.

Por exemplo, é de tradição na nossa processualística a *irrenunciabilidade do contraditório, a plenitude da ampla defesa, a presunção de inocência, o devido processo legal.*

---

[7] HC 71713-PB e 723.582-1-PB) Cf. GRINOVER & outros. *Op. cit.*, p. 12

[8] Com a promulgação da Constituição, o Presidente do TA de São Paulo constituiu Grupo de Trabalho com juízes do TACRIM, sendo também convidada a integrar o grupo a professora Ada Pellegrini Grinover, titular de processo penal na Faculdade de Direito da USP, valendo-se ela da colaboração de Antônio Magalhães Gomes e Antônio Scarance Fernandes. Encaminhado substitutivo, ouvidas sugestões de todas as categorias jurídicas, foi elaborado Anteprojeto apresentado ao Deputado Michel Temer. Afinal, foi aprovado o Substitutivo Abi-Ackel, composto pelos Projetos Michel Temer, para a área penal, e Nelson Jobim, para a área cível.

Com a previsão de transação penal na Lei 9.099, visualiza-se um acordo, a renúncia da parte a direitos, surgindo obrigação jurídica antes mesmo da instauração de processo (art. 76), rompendo com o direito processual brasileiro tradicional. Por isso, analisada a natureza da norma constitucional que estabeleceu a criação dos Juizados, o Min. Luiz Cernicchiaro destacou o fato de a Lei 9.099 constituir um sistema jurídico com normas orientadas por princípios próprios, devendo assim ser analisada. Quebrou-se o princípio da indisponibilidade da ação penal pelo Ministério Público, a indisponibilidade do contraditório, e o exercício da defesa plena ficou condicionado à superação da fase preliminar de consenso.

Considerando que a Lei 9.099 estabelece procedimentos próprios, apenas subsidiariamente invocar-se-ão os Códigos Penal e de Processo Penal, que terão, em relação à essa lei, caráter subsidiário (art. 92).

Mas, por que mudar? Para os que lidam na área criminal, há a sensação de que o sistema prisional está falido e de que é necessário alterar a sistemática de atendimento às infrações de baixa lesividade, para deixar maior esforço de trabalho para os de maior gravidade.

Antes da promulgação da Lei 9.099 estávamos começando a desconsiderar as infrações menores, como as contravenções, ou porque as penas eram incompatíveis com a realidade, ou pelo fato de que a repercussão na esfera do agente seria mais danosa do que a própria conduta infracional.

Procurando dar uma resposta adequada aos anseios da sociedade, o novo modelo de justiça criminal, conforme aponta a doutrina, delimita o chamado *espaço de consenso*, em que o princípio da autonomia da vontade é a tônica no recuo voluntário de certas garantias constitucionais, no caso de infrações de pequena e média criminalidade, deixando o chamado *espaço de conflito* para a criminalidade grave, caracterizada pela contrariedade, antagonismo e observação restrita a garantias fundamentais.[9] O que se procura, na verdade, é um processo de resultado, em que se assegure a tutela de todos os delitos, com utilidade das decisões.

Na busca da *consensualidade*, toma relevo o procedimento oral, realizando-se com informalidade, economia processual e celeridade, procurando, sempre que possível, a reparação dos danos sofridos pela vítima e a aplicação de pena não-restritiva da liberdade. Estamos no caminho de uma justiça preocupada com a vítima, com a lide social, numa tendência de deformalização do processo e procura de meios alternativos para evitar ou encurtar o processo, rumo à conciliação.[10]

No Rio Grande do Sul, o sistema dos Juizados Especiais Cíveis e Criminais foi criado pela Lei 10.675, de 2 de janeiro de 1996. Pelo art. 3º, ficou estabelecido que os Juizados Especiais Criminais utilizariam as estruturas e pessoal das Varas Criminais por transformação ou acumulação, através de deliberação do Conselho da Magistratura.

De acordo com o art. 7º da referida Lei, ficou estabelecido que no prazo do art. 95 da Lei 9.099, isto é, seis meses a partir da vigência da Lei 9.099, seriam feitas as alterações no Código de Organização Judiciária do Estado do Rio Grande do Sul para regular a constituição, estrutura, atribuições e competência dos Juizados Cíveis e Criminais.

Onde não estiver instalado Juizado Especial, os processos inseridos no âmbito da Lei 9.099 terão desenvolvimento regular nas Varas Criminais estaduais.

---

[9] GOMES, Flávio Luiz. Op. cit. pp. 15/21.

[10] GRINOVER, Ada & outros. Op. cit., p. 9.

4.2. Juizados especiais criminais: disposições gerais

Nos termos do art. 1º da Lei 9.099, os *juizados especiais* são órgãos de *justiça ordinária*. A justiça comum ou ordinária se contrapõe à justiça especial, expressamente definida na Constituição Federal. Conseqüentemente, a Justiça Federal constitui justiça especializada.[11] Por isso, em face da classificação dos órgãos judiciários, previstos no art. 92 da Constituição Federal e o art. 1º da Lei 9.099, a atuação do Juizado Especial Criminal se restringe às Justiças Estaduais e do Distrito Federal, não se aplicando às Justiças Especiais (trabalhista, militar, p. ex.) e Justiça Federal propriamente dita. Portanto, não haverá a audiência preliminar nos processos por contravenção instaurados perante a Justiça Federal.[12] Caberá, todavia, a suspensão dos processos na hipótese do art. 89, pois aplicável aos casos abrangidos ou não pela Lei 9.099.

No que se refere às disposições gerais específicas dos Juizados Especiais Criminais, o art. 60 determina que o Juizado Especial será provido por *juízes togados* ou *togados e leigos*, com competência para *conciliação, julga-*

---

[11] A Constituição Federal estabelece, expressamente, a competência da Justiça Federal, militar, eleitoral, trabalhista e dos juízes federais propriamente ditos. A matéria cuja competência não estiver determinada expressamente como sendo da Suprema Corte, do Superior Tribunal de Justiça dos demais juízes e órgãos federais, caberá, por exclusão, aos juízes e tribunais estaduais. V. SOUZA, Nelson Oscar de. *Manual de direito constitucional*. Rio de Janeiro: Forense, 1994, p. 105.

[12] Nesse sentido v. GRINOVER, Ada Pellegrini & outros. *Op. cit.*, p. 60.; DEMERCIAN, Pedro & MALULY, Jorge. *Op. cit.*, p. 30. Em sentido contrário, a Comissão Nacional de Interpretação da Lei 9.099, da Escola Nacional da Magistratura concluiu: "São aplicáveis pelos juízes comuns (estadual e federal), militares e eleitorais, imediata e retroativamente, respeitada a coisa julgada, os institutos da Lei nº 9.099/95 como composição civil extintiva da punibilidade (art. 74, parágrafo único), transação (arts. 72 e 76), representação (art. 88) e suspensão condicional do processo (art. 89). *Apud. Revista dos juizados especiais*. Porto Alegre, nº 15, p. 27, dez. 1995.

mento e execução das infrações penais de menor potencial ofensivo.

A lei não deixou bem delineada a figura do juiz leigo, entendendo-se que atuariam apenas na fase conciliatória. Na falta de disposição mais clara, questiona-se se é possível utilizar o mesmo critério adotado na esfera cível que, no art. 7º da Lei 9.099, prevê a existência de conciliadores e juízes leigos como auxiliares da justiça, recrutados os conciliadores preferentemente entre bacharéis de Direito e os juízes leigos entre advogados com mais de cinco anos de experiência.[13]

Não parece possível se estenderem, na área criminal, os critérios já estabelecidos na área cível, em face do disposto no art. 73, parágrafo único. Pela leitura da lei, existe espaço para a atuação dos juízes leigos apenas em termos de conciliação. Como a função jurisdicional é monopólio do Estado, e a atividade de composição, na esfera criminal prevista na conciliação, ocorre na fase pré-processual da audiência preliminar, somente essa atividade pode ser realizada pelos auxiliares da justiça.

Não se aplicará, na esfera penal, a atuação do juiz leigo na coleta de prova, dirigindo a instrução como ocorre no cível (art. 37 da Lei 9.099).[14] Também não poderá o juiz leigo praticar ato estritamente jurisdicional como a homologação de acordo ou transação.

---

[13] Destaque-se a colocação de Fernando Noal Dorfamn ao escrever sobre a importância dos juízes leigos logo após a promulgação da CF: "... louvável a instituição dos juízes leigos, a funcionarem com autoridade limitada, pois para tantos investidos pelo Estado mas sem ônus maior para o erário, e com atribuição de apreciarem, conciliarem e até decidirem as causas de menor complexidade e as infrações penais de menor potencial ofensivo, alternativa que se poderia, dentro da letra constitucional, mesclar com a participação também de juízes togados, com o que, certamente, diminuirá o contingente de demandas que hoje assola os juízes ordinários." (*In: As pequenas causas no judiciário*. Porto Alegre: Fabris, 1989, p. 74).

[14] Essa é a posição defendida por JESUS, Damásio de. *Op. cit.*, p. 57; LOPES, Maurício & outros. *Op. cit.*, p. 272. Depreende-se o mesmo raciocínio em GRINOVER, Ada Pellegrini. *Aspectos constitucionais dos juizados de pequenas causas. In:* WATANABE, Kazuo. *Juizado especial de pequenas causas.* São Paulo: RT, 1985, p. 11.

Por outro lado, é mister frisar que, no Juizado Especial Criminal, não há a obrigatoriedade de juízes leigos, sendo apenas possível a atuação dos mesmos.

4.3. Infrações de menor potencial ofensivo

Nos termos do art. 61, consideram-se infrações penais de menor potencial ofensivo, para os efeitos da Lei 9.099, *as contravenções penais* e *crimes a que a lei comine pena máxima não superior a um ano, excetuados* os casos em que a lei preveja *procedimento especial*.

Parece relevante, neste ponto, fazer uma breve distinção entre "infração de menor potencial ofensivo" e o chamado "crime de bagatela".

Ao tratarmos de infração de menor potencial ofensivo, com procedimentos específicos para atendimento de tais infrações, estamos nos voltando para infrações de baixa lesividade, procurando formas de "despenalização" dentro da esfera de uma política criminal.

Quando nos referimos a "crime de bagatela", estamos em nível de atipicidade, declarando como atípica uma conduta infracional por ausência de lesividade, por baixíssima lesividade ou pela falta de proporcionalidade entre a gravidade da conduta e a intervenção estatal.[15]

Os crimes tipificados no Código Penal ou em leis extravagantes cuja pena máxima cominada não seja

---

[15] O princípio da insignificância foi cunhada por Claus Roxin, chamado por Klaus Tiedemann de "princípio de bagatela", relacionando a efetiva proporcionalidade entre a gravidade da conduta que se pretende punir e a drasticidade da intervenção estatal. *Apud*. BITENCOURT, Cezar Roberto. *Lições de direito penal*. Porto Alegre: Livraria do Advogado, p. 39. Essa era a situação apontada nos delitos de lesão corporal com lesão levíssima, ou no porte de substância entorpecente quando a quantidade apreendida era ínfima, embora, em relação a esse último, a tese tenha sido vencida no Rio Grande do Sul, não se aceitando a invocação de atipicidade da conduta em decorrência dessa circunstância.
Sobre as diretivas em matéria de descriminalização e despenalização v. tb. CERVINI, Raúl. *Os processos de descriminalização*. São Paulo: RT, 1995.

superior a um ano, são considerados infrações de menor potencial ofensivo.

Entretanto, para que esses crimes sejam da competência do Juizado Especial Criminal é necessária *a inexistência de previsão de procedimento especial*.

Assim, estão excluídos da competência dos Juizados Especiais os *crimes de falência, de responsabilidade de funcionário público, contra a honra, contra a propriedade imaterial, crimes de imprensa*, assim como a *contravenção do jogo de bicho* (Lei nº 1.508).[16] Também ficam excluídos os crimes e contravenções que sejam da competência da Justiça Federal, como os delitos contra a organização do trabalho.

Para a configuração das infrações de competência do Juizado Especial Criminal, considera-se o máximo da pena abstratamente cominada para o tipo, levando-se em consideração as causas de aumento e diminuição da pena, estejam previstas na parte geral ou especial do Código Penal.

Em decorrência disso, por exemplo, o crime de violação de domicílio, na forma simples (art. 150 *caput* do CP), se inclui na competência do Juizado Especial Criminal e, o qualificado, não (art. 150, § 1º), porque a pena máxima prevista é de 2 anos de detenção.

No que tange à tentativa, utiliza-se como base para a diminuição 1/3, que é o mínimo aplicável.[17] Segundo

---

[16] Lucas Pimentel de Oliveira é de opinião que a exceção aos procedimentos especiais se aplica apenas aos crimes. Assim, toda e qualquer contravenção, haja ou não procedimento especial, será da alçada do Juizado Especial Criminal. Assinala ainda, quanto ao "jogo de bicho", que o Tribunal de Alçada do Estado de São Paulo reconheceu, em alguns julgados, a revogação do procedimento especial do jogo de bicho. *In: Juizados especiais criminais*. São Paulo: EDIPRO, 1995, p. 22.

[17] Essa é a posição defendida por Damásio de Jesus. *In. Op. cit.*, p. 40. Em sentido diverso, Jorge Maluly aponta que a redução de um terço seria admissível apenas para o reconhecimento da prescrição, na apreciação da possibilidade, por exemplo, da suspensão não se deve excluir a redução máxima de dois terços do crime consumido..." In: "A tentativa e a suspensão condicional do processo". IBCCrim nº 40, p. 3.

Damásio de Jesus, não devem ser consideradas as agravantes e atenuantes genéricas.

Concordo com esse posicionamento, considerando que tal aumento ou diminuição, ficará a critério do juiz, no caso de julgamento, que não poderá elevar a pena acima do máximo previsto em lei e nem mesmo abaixar do mínimo legal.

Note-se que, havendo reincidência (art. 61, inc. I, do CP), ela se tornará uma circunstância inibidora da proposta de transação (art. 76, § 2º, inc. I, da Lei 9.099) ou de suspensão do processo (art. 89), mas não pode, desde logo, levar à exclusão da competência do Juizado Especial.

Quando houver concurso de crimes, sendo um deles da competência do Juízo comum, este atrai os demais. Todas as infrações serão levadas ao Juízo comum, e não ao Juizado Especial.

No caso de concurso de crimes em tramitação no juízo comum, havendo uma infração que seria da competência do Juizado Especial (se o réu, por exemplo, estiver sendo processado por provocação de tumulto e porte de substância entorpecente sem autorização legal, para uso próprio (art. 40 do DL 3.688 e art. 16 da Lei 6.368), não vejo óbice que o Ministério Público possa propor a transação penal para a contravenção e a suspensão do processo para o delito de tóxicos. Não haveria, porém, audiência preliminar, que é fase pré-processual específica do Juizado Especial Criminal.

4.4. Competência

A competência, nos termos do art. 63, é *ratione loci*, sendo seguida a teoria da atividade.[18]

---

[18] O Código Penal (art. 6º) adotou a teoria pura da ubiqüidade, mista ou unitária, o lugar do crime pode ser o da ação como o do resultado ou ainda o lugar do bem jurídico tutelado.

Mesmo fixada a competência em razão do local em que ocorreu a infração, sendo esta de menor potencial ofensivo não sujeita a procedimento especial, o processo pode ser deslocado para o juízo comum quando o acusado não for encontrado para ser citado (art. 66, parágrafo único); quando a causa for complexa ou apresentar circunstâncias especiais (art. 77, § 3º), como a necessidade de perícia, exame de insanidade mental ou número elevado de pessoas.

No caso do crime da competência do Tribunal do Júri, se o juiz da pronúncia desclassificar a infração para outra da competência do juiz singular, será observado o art. 410 do CPP, remetendo-se os autos para o juiz competente. Porém, quando a desclassificação for feita pelo próprio Tribunal do Júri, em decorrência de respostas aos quesitos pelos jurados, não prevalece a regra e, ao Presidente, cabe proferir sentença (arts. 74, § 3º, 2ª parte, e 492, § 2º).

Se reconhecida a prática de infração em que é possível a aplicação de medidas despenalizadoras, pode o Juiz-Presidente oportunizar a proposta de transação pelo Ministério Público ou a suspensão do processo.[19]

Caso haja desclassificação própria, o juiz monocrático assume a plenitude jurisdicional e, identificado que se trata de infração da competência do Juizado Especial, encaminhará para o respectivo Juizado se já estiver instalado, cabendo a ele, inexistindo JECRI, tomar a iniciativa quanto à observação das medidas previstas na Lei 9.099.

---

[19] Sobre a aplicação da Lei 9.099 nas infrações da competência do Tribunal do Júri, bem destacou Aramis Nassif que nos delitos dos arts. 124 e 126 do Código Penal, auto-aborto, aborto consentido pela gestante e aborto provocado por terceiro, em que o apenamento mínimo é de um ano de detenção e de reclusão quanto ao último, é possível a aplicação do art. 89 da Lei 9.099. Todavia, o júri se mantém competente para o caso em que não sejam cumpridas as condições impostas. *In: O Júri Objetivo.* Porto Alegre: Livraria do Advogado, 1997, p. 96.

Entretanto, no caso de desclassificação imprópria, a competência não poderá ser transferida para o Juizado Especial, cabendo apenas ao Juiz-Presidente do Tribunal do Júri decidir.[20] É certo que do ponto de vista prático, considerando o espaço de consenso típico da jurisdição exercida no Juizado Especial, é mais viável encaminhar o processo ao Juizado Especial. De qualquer forma, através do OC 96/95 da CGJ, houve orientação no sentido de que, no caso de tentativa de homicídio, para prevenir eventual desclassificação para lesões corporais leves, seja ouvida a vítima para colher sua manifestação sobre representação.

4.5. Critérios informativos

O art. 62 da Lei 9.099, acertadamente, não fez referência a princípios, mas a critérios a serem observados no processo perante o Juizado Especial, apontando para a *oralidade, informalidade, economia processual e celeridade*, objetivando, sempre que possível, *a reparação dos danos sofridos pela vítima e a aplicação de pena não privativa de liberdade*.

Não há uma nova principiologia, pois o processo do Juizado Especial se insere na sistemática existente com características peculiares. Por isso, coloca critérios informativos, evitando apresentar princípios que pareceriam ser de sua exclusividade.[21]

O autor da infração e a vítima são aproximados, visando a uma solução consensuada, com prioridade à reparação dos danos sofridos pela vítima e aplicação de

---

[20] GIACOMOLLI, Nereu José. *Juizados Especiais Criminais*. Porto Alegre: Livraria do Advogado, 1997, pp. 57-58. Não discrepa desse entendimento Aramis Nassif. *Op. cit.* pp. 107-108.

[21] V. DINAMARCO, Cândido. *Princípios e critérios no processo das pequenas causas. In:* WATANABE, Kazuo (Org.). *Op. cit.*, p. 105.

pena não-privativa de liberdade. A isso se estabelece que não será declarada qualquer nulidade sem a demonstração de efetivo prejuízo, sendo válidos os atos que atinjam a finalidade para os quais foram realizados, observados os critérios orientadores desse tipo de processo (art. 65).

A *oralidade* se apresenta como elemento informativo do procedimento, dando prevalência à palavra falada, com a concentração de atos e a imediação do juiz.

Como corolário da oralidade, há uma preocupação com a *concentração de atos*, tudo se resumindo em uma audiência preliminar, se possível, com acordo ou transação.

Se necessária a instauração do processo pelo rito sumaríssimo, também será observada a oralidade, com a possibilidade de oferecimento de denúncia e defesa oral (arts. 77 e 81).

Se não for possível a concentração dos atos, em virtude da complexidade, circunstância do caso; ou não havendo possibilidade de oferecimento de denúncia imediata do Ministério Público, ele poderá requerer o encaminhamento do processo ao juízo comum (art. 77, § 2º, c/c 66).

A *informalidade* leva à solução mais rápida do processo, sem a pressão do formalismo, refletindo-se diretamente no efeito previsto no art. 65. Não se exige, por exemplo, laudo de corpo de delito para o oferecimento de denúncia, admitindo-se como prova da materialidade o boletim médico ou prova equivalente (art. 77, § 1º). Esse boletim poderá ser utilizado, sendo suficiente para embasar uma sentença, se inexitosos o acordo, a transação ou a proposta de suspensão do processo.

Caberá à defesa, se entender insuficiente, em nível de prova, tal boletim, pleitear a realização de perícia, desde que justifique a sua irresignação, para que não fique prejudicada a celeridade processual.

Também, em virtude da informalidade e buscando a celeridade, é permitido solicitar a prática de atos processuais em outras comarcas por qualquer meio hábil de comunicação (§ 2º do art. 65), podendo ser usado, por exemplo, o FAX. Não fica vedada, porém, a expedição de precatória.

As intimações poderão ser feitas por correspondência com aviso, inclusive em se tratando de pessoa jurídica, independente de mandado ou carta precatória (art. 67).

A *informalidade* está relacionada também à *economia processual*.

Procura-se a realização de uma Justiça Criminal com brevidade de tempo, consubstanciada na celeridade e com a economia do processo, corporificada pela economia de custos, economia de atos e eficiência da decisão.[22]

Na fase preliminar, tanto o autor da infração como a vítima são encaminhados, "imediatamente", ao Juizado e, não sendo possível a audiência preliminar, será designada data próxima (art. 70).

Nenhum ato será adiado, podendo o juiz inclusive determinar a condução coercitiva de quem não comparecer à audiência no procedimento sumaríssimo (art. 80).

Por economia processual, se for aceita a composição dos danos civis como causa extintiva da punibilidade do autor da infração, o acordo homologado, judicialmente terá eficácia de título executivo. Aliás, tal decisão é irrecorrível (§ 5º do art. 76).

Observe-se que o art. 62 não incluiu o critério da simplicidade previsto no art. 2º da Lei 9.099, o que

---

[22] V. GIACOMOLLI, Nereu José. "Juizado Especial Criminal - Princípios." *In: Juizado de Pequenas Causas*, Porto Alegre, v. 14, pp. 40-45, ag. 1995. S. tema v. tb PORTANOVA, Rui. *Princípios do processo civil*. Livraria do Advogado, 1995. O autor apresenta com clareza a interligação dos diferentes princípios processuais que, observadas as características específicas, pode ser aplicada no processo criminal.

parece se coadunar com a natureza penal em que o devido processo legal é observado com mais rigorismo, tendo em vista o bem liberdade a que se visa garantir. Qual a importância, afinal, dos critérios estabelecidos no art. 62? Ao informarem a sistemática dos procedimentos e processos junto aos Juizados Especiais Criminais, servem como elementos de compreensão e implementação do sistema.

Portanto, no caso de silêncio da Lei 9.099, buscaremos as soluções, atendendo seus critérios informativos e sua finalidade.

4.6. Fase preliminar

De natureza pré-processual, a fase preliminar tem seu início com o encaminhamento do "termo circunstanciado" a juízo, sendo distribuído ao Juizado, concretizando-se na audiência preliminar. Lá, poderá ocorrer o acordo ou a transação, ambos levando à extinção da punibilidade.

4.6.1. Termo circunstanciado e flagrante

A agilização da Justiça Criminal teria que começar com a simplificação da atuação policial, deixando-se a polícia com mais tempo disponível para a investigação de casos de maior repercussão social. A regra do art. 69, ao estabelecer que a autoridade policial lavrará o termo circunstanciado, encaminhando-o imediatamente ao Juizado, observa o critério da celeridade. Lavrado o termo, o autor do fato será apresentado ao Juizado e, sendo possível, no mesmo momento lá estará a vítima.

A autoridade providenciará as requisições dos exames periciais necessários. Suprimiu-se, no caso de infrações de menor potencial ofensivo, o inquérito policial.

Quanto à autoridade referida no art. 69, observe-se que ela tem caráter restritivo enquanto atividade específica da polícia. Houve, inclusive, uma mudança em relação aos anteprojetos de reforma do CPP.

No Anteprojeto de reformas setoriais do CPP, publicado em 16.03.94 admitia-se a "autuação sumária", dispondo, no art. 4º, que a polícia judiciária seria exercida por autoridade policial, tendo por finalidade a apuração de infrações penais e sua autoria por meio de "autuação sumária" para as infrações de menor potencial ofensivo.

Todavia, no parágrafo único, admitia-se que tal atribuição não excluiria a de outras autoridades a quem, nos termos da lei, fosse cometida a mesma função ou parte dela.

Foi mantida a mesma redação na publicação de 25.11.94, mas ambas diferiam da redação do Anteprojeto datado de 20.06.93, onde constava no parágrafo único: "Ao delegado de polícia de carreira incumbe as atribuições definidas neste artigo."

Portanto, observando a evolução legislativa e o texto legal publicado na Lei 9.099, podemos entender que é privativo da autoridade policial lavrar o "termo circunstanciado", ficando liberado da instauração de inquérito na hipótese prevista em lei.

Admitir-se-á, todavia, o procedimento administrativo investigatório instaurado na Coordenadoria das Promotorias Criminais que não se confunde com o termo circunstanciado de que trata o art. 69. Em se tratando de infração de menor potencial ofensivo que venha a ser apurada pelo Ministério Público, caberá a distribuição do expediente a uma das Varas com competência para o Juizado Especial.

Cumpre assinalar, sobre o assunto, que a Comissão Nacional da Escola Superior de Magistratura de São Paulo, encarregada de formular conclusões sobre a interpretação da Lei 9.099, apresentou conclusão nos seguintes termos: "A expressão autoridade policial referida no art. 69 compreende todas as autoridades reconhecidas por lei, podendo a Secretaria do Juizado proceder à lavratura do termo de ocorrência e tomar as providências devidas no referido artigo."[23]

Portanto, pela letra da lei, a atividade do art. 69 é da autoridade policial, podendo se estender a todas as autoridades reconhecidas por lei pelo princípio constitucional de acesso à justiça. Assim, chegando ao conhecimento do Juizado um ato definido como infração de menor potencial ofensivo, poderia ser lavrado termo circunstanciado na Secretaria do Juizado ou perante o Ministério Público. Afasto a hipótese de o próprio juiz tomar a termo, pois ficaria prejudicada a imparcialidade necessária para bem conduzir as etapas posteriores.

Observe-se que, de acordo com o Anteprojeto de Reforma do Código de Processo Penal, o registro de ocorrência deveria indicar o autor, o ofendido, relação de testemunhas, elementos esses indispensáveis no "termo circunstanciado", embora o Anteprojeto tenha feito referência à "autuação sumária".

Quanto ao flagrante, o parágrafo único do art. 69 dispôs que não se imporá prisão em flagrante ao auto da infração se imediatamente encaminhado ao Juizado ou se assumir o compromisso de a ele comparecer.

Portanto, não será preso em flagrante o autor de infração de menor potencial ofensivo em duas hipóteses: a) autor da infração for imediatamente encaminhado ao Juizado; b) se assumir o compromisso de nele comparecer.

Ora, a prisão em flagrante é ato administrativo, medida cautelar de natureza processual e, considerando que a Lei 9.099 tem como objetivo evitar a aplicação de pena privativa de liberdade, a segregação cautelar do autor da infração torna-se medida excepcionalíssima.

---

[23] GRINOVER, Ada Pellegrini & outros. *Op. cit.*, p. 97.

É nessa ótica que devemos ler o parágrafo único do art. 69. Se o autor da infração não for encaminhado imediatamente ao Juizado por falta de estrutura do sistema, poderá assumir o compromisso de comparecer quando intimado. Assim, apenas se o autor negar-se a tal compromisso será o autor da infração preso em flagrante ou lhe será exigida fiança.

Portanto, às hipóteses legais em que o autuado pode se livrar solto independentemente de fiança (art. 321 do CPP) se acrescentam às do parágrafo único do art. 69 da Lei 9.099.

Assim, no caso de infração cuja pena privativa de liberdade isolada, cumulativa ou alternativamente cominada não exceder a um ano, caracterizada como de menor potencial ofensivo, no caso de prisão em flagrante, o autuado livrar-se-á solto desde que possa ser apresentado no Juizado ou se comprometer a fazê-lo.

Se não comparecer, a vinculação do compromisso não poderá gerar a possibilidade de prisão. Fica apenas prejudicada a fase preliminar. Isto é, o autor da infração não fica suscetível aos benefícios da proposta de conciliação ou de transação, naquilo que couber, com o efeito de extinção da sua punibilidade. Aplicar-se-á o art. 77.

Não caberá também a decretação de prisão preventiva, observada a natureza das infrações de menor potencial ofensivo, ressalvadas as possibilidades previstas nos incisos II e III do art. 313 do CPP.

Se não for encontrado o autor da infração para ser citado, será tomada a providência do parágrafo único do art. 66, sendo encaminhado o processo a Juízo comum.

É necessário, aqui, lembrar que há aplicação subsidiária do Código de Processo Penal prevista no art. 92 da Lei 9.099. Entendo, pois, que, no caso do parágrafo único do art. 69, se o autor da infração já tiver sido condenado por outro crime doloso com sentença transitada em julgado, autuado em flagrante, não se livrará solto, inobstante se trate de infração de menor potencial ofensivo.

4.6.2. A audiência preliminar: conciliação, transação e questões relativas à representação

Nada impede que no "termo circunstanciado" conste o nome de testemunhas, entretanto, ao Juizado serão encaminhados apenas o autor do fato e a vítima. Não sendo possível a audiência preliminar de forma imediata, será designada data próxima (art. 70). Não comparecendo os envolvidos, a Secretaria providenciará na intimação (art. 71). Isso porque, em termos de política criminal do consenso, a presença do autor da infração e da vítima são importantes para viabilizar eventual acordo.

A apresentação imediata dessas pessoas, na prática, impõe a estrutura de um Juizado Especial de plantão, o que, pelo menos em nosso Estado, ainda não está organizado.

Não cabe, por outro lado, que a autoridade policial faça a pauta de comparecimento dos envolvidos no Juizado. Conforme já referi em trabalho anterior, impõe-se uma adequação da proposta de agilização do procedimento com a realidade forense. Quiçá um Juizado Especial que funcione junto às Delegacias possa ser a solução.[24]

Ora, na prática, não havendo Juizado Especial de plantão, nos termos do Ofício-circular nº 23196 da C.G.J., os "termos circunstanciados" serão distribuídos como processos apenas para fins estatísticos, sendo lançados no Livro Tombo Criminal. Isso porque, havendo uma eventual sentença homologatória que leve à extinção da punibilidade do autor da infração pela composição civil (art. 74 da Lei 9.099) ou por transação (art. 76), as anotações devem estar vinculadas a um procedimento devidamente cadastrado. No caso de transação, falar-se-á até mesmo em execução que, em se tratando de multa,

---

[24] "Breves considerações sobre a reforma do Código de Processo Penal." *In: Estudos de direito processual penal.* TOVO, Paulo Cláudio (Org.), p. 136.

ocorrerá, em regra, na própria Vara onde ocorreu o ato homologatório.

Estabelece o art. 72 quais são os sujeitos que devem estar presentes na audiência preliminar: Ministério Público, autor do fato, vítima, o responsável civil, se possível, e respectivos advogados.

Do ponto de vista prático, a grande dificuldade se coloca na questão da apresentação do responsável civil.

A situação se evidencia nos atos culposos por fato de terceiro. Embora a regra seja a responsabilidade direta, isto é, o agente é responsável pelas conseqüências decorrentes de seus atos ou omissões, isso não impede que, excepcionalmente, o legislador aponte hipóteses em que determinadas pessoas, em certas circunstâncias, respondam por atos praticados por outrem que se encontrem sob sua imediata dependência.

Temos, então, ao lado da responsabilidade direta, que é a regra, a chamada responsabilidade indireta.

Por exemplo, o pai que empresta o carro a filho não habilitado, maior de 18 e menor de 21 anos, responde solidariamente pelos danos causados pelo menor que se envolver em acidente de trânsito. Perdura a responsabilidade civil do pai nos termos do art. 1.521, inc. I, do Código Civil.

Da mesma forma, são responsáveis os donos de hotéis por atos dos hóspedes, desde que provado que concorreram para o dano por culpa ou negligência de sua parte. Se, por exemplo, o dono de um hotel permitir o ingresso de cão nas dependências do estabelecimento e um hóspede for lesionado em virtude de mordida do animal, o dono do cão poderá ter contra si registrada ocorrência por infração ao art. 51 do DL 3.688 por omissão de cautela na guarda ou condução do animal, e o dono do hotel responderá civilmente, juntamente com o dono do animal, perante o hóspede lesionado (art. 1521, inc. IV, do Código Civil).

Se o responsável civil não comparecer à audiência preliminar prevista na Lei 9.099, a mesma não será prejudicada. Porém, se no termo circunstanciado, ficar, desde logo, identificado o responsável civil, o próprio juiz poderá determinar a sua presença, ou o autor da infração poderá trazê-lo, pois é seu o interesse em conseguir eventual composição que venha lhe trazer reflexão favorável na esfera penal.

A presença do advogado será necessária até porque a sentença que homologar eventual acordo terá caráter irrecorrível, com eficácia de título executivo. Portanto, a orientação técnica do advogado é indispensável sob pena de nulidade do ato por haver presunção de prejuízo.

Será possível, como aponta Ada Pellegrini Grinover, que seja solicitada a intervenção de um Defensor Público para que acompanhe o ato por simetria ao art. 68[25], vindo a prestar assessoria à vítima e ao responsável civil.

Acredito, entretanto, que tal providência far-se-á apenas se evidenciada a impossibilidade econômica de a vítima constituir advogado, pois a indicação de Defensor Público como regra para acompanhamento da vítima e responsável civil iria avolumar a carga de trabalho do Defensor Público, onerando o Estado na prática de um ato de caráter patrimonial e que permanece (reparação de danos) no âmbito da disponibilidade da vítima.

Parte-se, na audiência preliminar, para a conciliação que será conduzida pelo Juiz ou conciliador, mas sob a orientação do Juiz. Os conciliadores, nos termos do parágrafo único do art. 73 da Lei 9.099, serão bacharéis em Direito, não o podendo ser aqueles que exerçam funções na administração da Justiça Criminal.

Os conciliadores não têm função jurisdicional. Assim, se conseguirem estabelecer as bases de um acordo, caberá ao juiz togado a homologação para os efeitos legais.

---

[25] Op. cit., p. 109.

A composição dos danos é uma forma de *despenalização*, eis que nos casos de ação penal privada ou de ação penal condicionada à representação, havendo homologação da composição dos danos, isso levará à extinção da punibilidade do auto da infração (art. 74, par. único). Atente-se que se acrescenta à regra do art. 107 do Código Penal mais uma causa de extinção de punibilidade, aliando-se a outras que não se encontram na disposição genérica do Código, como ocorre na hipótese de reparação de dano do recebimento da denúncia no caso de peculato culposo (§ 3º do art. 312 do CP).

Se não for obtida a composição dos danos, imediatamente, será dada oportunidade ao ofendido para exercer o direito de representação verbal que será reduzido a termo.

Examinando a Lei 9.099, tem-se estabelecido que o prazo de 30 dias para a representação sob pena de "decadência", prevista no art. 91, se refere aos crimes elencados no art. 88 e cujos processos foram instaurados antes de 26 de novembro de 1995.

Os crimes de lesões corporais leves e lesões corporais culposas praticados na vigência da Lei 9.099 têm o prazo decadencial previsto no art. 103 do CP, combinado com o art. 38 do CPP.

Cumpre destacar, nesse ponto, que Damásio de Jesus, Ada Pellegrini Grinover e outros entendem que a lei nova, estabelecendo condição de representação para os delitos apontados no art. 88, trata-se de lei mais benigna, pois subordina o exercício da pretensão punitiva do Estado à representação do ofendido. Deve, pois, retroagir, não importando se a instrução criminal tenha ou não iniciado.[26] O art. 90, portanto, fere norma constitucional de retroatividade da lei mais benigna.

---

[26] MIRABETE, Julio Fabbrini. "A representação e a Lei 9.099.", In: *Revista Brasileira de Ciências Criminais*, 13, p. 117. O processualista observa que a exigência de representação, nas hipóteses do art. 88 da Lei 9.099, não é caso de decadência intercorrente, e não pode alcançar os processos em andamento. Isso porque não é possível sujeitar alguém à condição de procedibilidade que, por sua natureza, deve anteceder a instauração da ação penal.

A representação oral, prevista no art. 75 da Lei 9.099, não é novidade processual, porque essa forma de representação já está estabelecida no art. 39 do CPP, que prevê a possibilidade de ser exercido o direito de representação mediante declaração, escrita ou oral, feita ao juiz, ao órgão do Ministério Público ou à autoridade policial.[27]

A representação é a manifestação de vontade do ofendido ou de quem legalmente o representa, no sentido de ser instaurado processo contra seu ofensor ou, nas palavras de Tornaghi, é o meio pelo qual " o ofendido manifesta não se opor ao procedimento."[28]

Nos termos do art. 24 do CPP, a representação pode ser feita por quem tiver a qualidade de representar o ofendido.

Embora seja necessário o comparecimento da vítima na audiência preliminar, não vejo incompatibilidade entre as disposições genéricas acerca da representação, previstas no Código Penal, e o art. 75 da Lei 9.099, especialmente quanto ao art. 39 do CPP, que prevê a possibilidade de ser efetuada a representação por procurador com poderes especiais.

O maior de 18 e menor de 21 anos poderá exercer o direito de representação sem assistência, eis que pode exercer o direito de queixa. Bem alcança a questão Tourinho Filho ao afirmar que essa seria uma forma de estabelecer uma interpretação extensiva, observando o disposto no art. 34 do CPP, combinado com o art. 3º do mesmo diploma legal.[29]

---

[27] Eis o motivo pelo qual não concordo que seja dispensada a representação perante a autoridade policial nos casos em que ela for condição específica para a ação. Isso não prejudica o ato de conciliação a ser realizado em audiência, pois poderá haver retratação a qualquer momento antes de oferecida a denúncia.

[28] TORNAGHI, Helio. *Instituições de processo penal*. Rio de Janeiro: Saraiva, 1977, v. 2, p. 333.

[29] *Processo penal*. Rio de Janeiro: Saraiva, v. 1 p. 312.

Se o menor não tiver representante legal, será nomeado um curador especial (art. 33 do CPP). O legitimado extraordinário irá proteger os interesses do ofendido.

No caso de morte do ofendido, ou quando este for declarado ausente por decisão judicial, o direito de representação caberá ao cônjuge, ascendente, descendente ou irmão (parágrafo único do art. 24 do CPP). Pelo art. 102 do CP, a representação será irretratável após o oferecimento da denúncia.

Assim, se a vítima manifestar interesse em representar contra o autor da infração, antes de ser oferecida a denúncia oral, ela poderá se retratar, porque a audiência preliminar ocorre em fase pré-processual.

Porém, para as demandas em andamento em que a representação, na hipótese do art. 88 da Lei 9.099, se apresenta como condição de prosseguibilidade, após manifestação expressa do ofendido, não poderá mais retratar-se, precluiu para a vítima tal ato.[30]

Inexitosa a conciliação, e, efetivada a representação da vítima, quando se tratar de ação penal pública condicionada à representação, caberá ao Ministério Público, antes de passar para a transação, avaliar se é ou não caso de arquivamento.

Aliás, se o Ministério Público entender que o fato relatado no termo circunstanciado é atípico como poderia ocorrer na hipótese do § 2º do art. 156 do Código Penal, haverá promoção no sentido de arquivamento imediato do termo, independentemente de audiência preliminar.

---

[30] Questão relevante que surgiu com análise do art. 88 da Lei 9.099 é referente à obrigatoriedade da representação na contravenção de vias de fato (art. 21 DL 3688). Nesse sentido, tem se manifestado o Dr. Alfredo Foerster, Juiz de Alçada do Rio Grande do Sul, porque a contravenção de vias de fato é estágio que antecede à lesão corporal leve. O assunto foi apresentado no art. "Vias de fato e representação" apresentado no Grupo de Estudos Alaor Terra da Escola Superior da Magistratura do RS.

Por isso a necessidade, em audiência, do defensor técnico que poderá apontar elementos ensejadores de arquivamento.

Na segunda etapa da audiência preliminar, não sendo caso de arquivamento, o Ministério Público poderá propor a transação penal configurada pela aplicação de pena restritiva de direito ou multa a ser especificada na proposta.[31]

Com base na discricionariedade regulada, a Lei 9.099 flexibilizou a obrigatoriedade da ação penal pública. Incluiu-se a transação penal no espaço de consenso característico das infrações de menor potencial ofensivo.

Como vantagens da transação, podemos assinalar a resposta penal imediata e o fato de se evitar o processo moroso, havendo pouco custo.

Como desvantagens, temos a ausência da contrariedade e o não-exercício da ampla defesa.

É condição para a proposta de transação a convicção do Ministério Público de que o caso sob exame não deverá ser arquivado. Essa é uma condição prévia implícita positiva.

Por outro lado, devem estar ausentes os fatos impeditivos do § 2º do art. 76, isto é, o autor da infração não pode ter sido condenado definitivamente, com trânsito em julgado, por crime com pena privativa de liberdade; não pode ter sido beneficiado anteriormente, no prazo de cinco anos, pela aplicação de pena restritiva ou multa nos termos da Lei 9.099 e não deve possuir antecedente criminal ou conduta social que afaste a suficiência da medida.

De acordo com o § 3º do mesmo artigo, se aceita a proposta pelo autor da infração e seu defensor, ela será

---

[31] Sobre a transação penal no direito norte-americano, v. p. ex., "Apontamentos sobre política criminal e a *plea bargaining*", de Walter Fanganiello Maerovitch, RT 678: 301-305; "A Justiça penal e as formas de transação no direito norte-americano: repercussões." de Nicolás Rodriguez Garcia. *Revista Brasileira de Ciências Criminais*. nº 13, pp. 79-92; MUSSO, Rosana Gambini. *Il "Plea bargaining" tra common law e civil law*. Milano: Giuffrè Ed., 1985.

apresentada para apreciação do juiz que, no caso de a multa ser a única medida aplicada, poderá reduzi-la até a metade, conforme previsão do § 1º do art. 76.

Não há, na transação, intervenção do ofendido. Eis por que, se houver assistente de acusação, a homologação da transação não fica dependente da manifestação desse.

O assistente de acusação em um sistema de Justiça consensuada atua apenas no sentido de viabilizar a reparação dos danos à vítima, mas não pode impedir a homologação de transação penal ou a suspensão do processo nos casos em que couber (art. 89 da Lei 9.099).

A decisão judicial que não homologar a transação ou estabelecer condições não propostas pelo Ministério Público ficará sujeita a recurso de apelação nos termos do § 5º do art. 76, combinado com o art. 82 da Lei 9.099.

Sendo a pena de multa a única aplicável, efetuado o pagamento, será declarada extinta a punibilidade do autor da infração, nos termos do parágrafo único do art. 84.

Segundo o art. 85, não efetuado o pagamento de multa, a mesma será convertida em pena privativa de liberdade ou restritiva de direitos. Tal possibilidade de conversão da pena de multa em privativa de liberdade tem sido questionada doutrinariamente.

Se o objetivo da Lei 9.099, na esfera criminal, é afastar a pena privativa de liberdade para os autores de infrações de menor potencial ofensivo, é incompatível com ela a transformação de multa em privativa de liberdade, isso porque a transação se faz em um estágio em que não se perquire culpa, tanto que a sentença homologatória é meramente declaratória, e não condenatória.

Essa preocupação, todavia, parece que ficou superada com a nova redação dada ao art. 51 do Código Penal pela Lei 9.268, de 1º de abril de 1996, publicada no DOU de 2.04.96, segundo a qual, transitada em julgado a sentença condenatória, a multa será considerada dívida de valor, aplicando-se-lhe as normas da legislação relativa à dívida da Fazenda Pública.

Se não há sentença condenatória na transação, o mesmo critério do art. 51 do CP aplicar-se-á às infrações de menor potencial ofensivo sob a égide da Lei 9.099. Quanto à condição de prestação de serviço à comunidade, que tem sido objeto de discussão quando imposta no primeiro ano do *sursis* porque se trataria de uma pena,[32] acredito que no sistema do Juizado Especial, tal preocupação deva ser afastada. O objetivo da Lei 9.099 é evitar a pena privativa de liberdade, aplicando-se medida que mais se adapte às condições do autor da infração que pode ser, efetivamente, um medida restritiva de direito.

Ainda está em aberta a questão relativa ao critério a ser utilizado na fixação de prazo da pena restritiva de direito, ficando no âmbito da negociação. Entendo que o prazo não poderá ser superior a um ano, face ao critério norteador do art. 61, para a configuração das infrações de menor potencial ofensivo.

A iniciativa da proposta da transação é do Ministério Público, cabendo a ele esclarecer as razões pelas quais não o faz. Por isso, só não havendo manifestação espontânea do Ministério Público caberá ao juiz ensejar que o Promotor de Justiça informe o motivo que o leva a não propor transação.

Não o fazendo, entendeu a Comissão Nacional da Escola Superior da Magistratura de São Paulo que: "Se o Ministério Público não oferecer proposta de transação penal e suspensão do processo nos termos dos arts. 79 e

---

[32] V. CHIASSO, Maurimar Bosco. "A ilegalidade da obrigação de prestar serviço à comunidade ou limitar-se nos fins de semana para o gozo de suspensão condicional da pena". RJ 213. Afirma o Autor: "Quando se cumula, então, malgrado sob o título de condição, uma pena restritiva de direito àquela outra privativa de liberdade imposta no decisório, ainda que sob o argumento de que se está em face de período de prova do *sursis*, isso implica dupla pena por um mesmo fato, um *bis in idem* que o Direito Penal não tolera..." (p. 48).

89, poderá o juiz fazê-lo".[33] Isso porque ao poder-dever da acusação corresponderia um direito subjetivo público do autor da infração à proposta de transação.

Nada impede, por outro lado, que o próprio autor da infração, por seu advogado, proponha desde logo os termos da transação, eis que tal conduta permanece na faixa do consenso, cabendo ao Ministério Público aceitar ou não o que é sugerido.

Em se tratando de transação, sendo a multa a única pena aplicável, o cumprimento será feito na Vara em que houve a homologação. Havendo pena restritiva de direitos, cumulada ou não com multa, a execução far-se-á na Vara de Execuções Criminais (Of. 23/96 CGJ).

No caso em que o autor do fato resida em outra comarca, poderá ser expedida precatória para a execução de transação já homologada ou mesmo para proposta de transação, consignando-se o tipo de medida e, no caso de multa, inclusive o valor do dia-multa.

Aceita a proposta no Juízo deprecado, poderá o autor da infração providenciar no recolhimento da multa, ficando a homologação para o Juízo deprecante, pois haverá sentença que extinguirá a punibilidade desse.

Quanto ao pagamento de despesas, nos termos do art. 87 da Lei 9.099, elas podem ser reduzidas nos termos da lei. Como não há legislação estadual regulando o tema, a orientação da C.G.J é no sentido de que o pagamento deve ser por inteiro conforme o Regimento de Custas (Of. 23/95, item 6).

Aqui, entendo cabível aplicação do art. 12 da Lei 1.060, que regula a Assistência Judiciária, isto é, se o autor da infração alegar hipossuficiência econômica, poderá ficar suspensa a obrigação do pagamento de custas pelo prazo previsto na lei.

Cumpre apontar ainda que qualquer erro material da sentença homologatória poderá ser corrigido de ofício nos termos do art. 83, § 3º, da Lei 9.099.

---

[33] GRINOVER, Ada Pellegrini & outros. *Op. cit.*, p. 125.

Quanto à irretroatividade da Lei 9.099, para os processos em andamento (art. 90), tal irretroatividade deve ser vista no sentido restrito. Isto é, haverá irretroatividade no que concerne a atos processuais no sentido estrito. No que se refere a condutas que reflitam, no plano material, em extinção da punibilidade do autor da infração, será atingida a esfera penal do acusado. Portanto, mesmo nos processos em andamento, é necessário, se cabível, no âmbito das infrações de menor potencial ofensivo, oportunizar a representação e as medidas conciliadoras cabíveis no caso, assim como a transação ou suspensão do processo.

Temos a Lei 9.099, mas para que ela se efetive e atinja seus objetivos, é necessário o empenho de todos os operadores do Direito e a consciência de que não é apenas a Lei que fará diminuir a criminalidade.

Acreditamos nas mudanças que visam a medidas despenalizadoras, entretanto, é necessário que haja consciência de que medidas no âmbito social devem ser levadas adiante para minimizar a litigiosidade social.

A nós, cumpre o trabalho efetivo de aplicação da Lei 9.099, atuando como mediadores na busca da justiça na esfera criminal.

5.
Juizado Especial Criminal
Avanços e retrocessos, transação penal, responsável civil, recursos e ações constitucionais

Genacéia da Silva Alberton
Desembargadora do TJRS

SUMÁRIO: 5.1. Introdução; 5.2. Transação penal: natureza; 5.3. Transação penal e a extensão da retroatividade da Lei 9.099; 5.4. Transação penal e conciliação: efeitos no âmbito cível; 5.5. Natureza jurídica da transação; 5.6. Cabimento da transação; 5.7. Proposta de transação: condições e iniciativa judicial; 5.8. Homologação e não-cumprimento da transação: conseqüências; 5.9. Responsável civil e repercussão da transação; 5.10. Recursos: competência das Turmas Recursais e ações constitucionais; 5.10.1. Apelação; 5.10.2. Embargos de declaração; 5.10.3. Recurso especial e extraordinário; 5.10.4. Recurso em sentido estrito; 5.11. *Habeas corpus* e mandado de segurança; 5.12. Revisão criminal; 5.13. Considerações finais.

5.1. Introdução

Após mais de dois anos de publicação da Lei 9.099[1], o Juizado Especial Criminal continua oferecendo motivo para debates, pois representa um efetivo avanço em termos de nova visão de política criminal com resultado

---

[1] A Lei Federal nº 9.099 foi publicada no D.O.U. em 26 de setembro de 1995.

direto no âmbito da pedagogia do infrator, atenção à pessoa da vítima, ampliação do campo de consenso e atuação mais célere do Estado-Juiz.

Por isso, propomo-nos a fazer um breve balanço sobre alguns temas que ainda estão a suscitar controvérsias, apontando as direções que vêm sendo adotadas, em avanços e retrocessos de posicionamentos doutrinários e jurisprudenciais.

A Lei 9.099, sem dúvida, se constitui num verdadeiro sistema jurídico[2], trazendo relevantes alterações para o sistema processual penal brasileiro. Isso fez com que os operadores do direito, num primeiro momento, tivessem a necessidade de compreender os institutos criados, como o da transação e da suspensão do processo, mas também rever seus critérios de aplicação da lei penal e da importância das normas instrumentais enquanto garantidoras do exercício dos direitos do sujeito infrator. Afastando-se do sistema tradicional de um processo dirigido à aplicação da lei penal, a Lei 9.099 se insere em uma nova mentalidade de procura de alternativas substitutivas às medidas meramente aflitivas, restritivas da liberdade.

Nesse contexto, daremos relevo às seguintes questões: transação penal, abrangência da retroatividade da aplicação do instituto e iniciativa da proposta; repercussão da transação penal para o infrator, vítima e responsável civil; competência das Turmas Recursais e ações constitucionais.

No âmbito da Lei 9.099, temos quatro medidas despenalizadoras: a conciliação, a transação, a exigência de representação para os delitos de lesões corporais

---

[2] CERNICCHIARO, Luiz Vicente. "Lei 9.099, de 26 de setembro de 1995 - algumas observações", *Revista Brasileira de Ciências Criminais*, São Paulo, nº 13, p. 127, janeiro/março, 1996. O eminente Ministro do Superior Tribunal de Justiça enfatiza a necessidade de ser vista a Lei 9.099 como um sistema jurídico, devendo ser interpretada como tal, eis que essa lei não é um mero procedimento agregado ao Código de Processo Penal.

culposas ou lesões corporais leves e a suspensão do processo, mas a transação penal é um dos aspectos que mais motivo tem dado a discussões entre os operadores. A conciliação é aplicável nos casos de ação de iniciativa privada ou condicionada à representação. O acordo homologado referente à composição dos danos civis, de acordo com o parágrafo único do art. 74 da Lei 9.099, acarreta a renúncia ao direito de queixa ou representação, conduzindo à extinção da punibilidade do autor da infração, nos termos do art. 107, inc. V, do Código Penal. Aliás, cumpre, aqui, assinalar que tal disposição da Lei dos Juizados Especiais veio revogar a segunda parte do parágrafo único do art. 104 do Código Penal.[3]

Havendo representação ou se tratando de ação penal incondicionada, não sendo caso de arquivamento, o Ministério Público, nos termos do art. 76 *caput* da Lei 9.099, poderá propor a aplicação imediata de pena restritiva de direitos ou multa, configurando, assim, a transação penal.

5.2. Transação penal: natureza

Entre os institutos trazidos pela Lei 9.099, um que, desde a promulgação da Lei 9.099, tem sido motivo de grande controvérsia é o da *transação penal*.

Acostumados ao sistema tradicional da obrigatoriedade da ação penal como regra do sistema penal acusatório, era desconfortável a convivência com a discricionariedade regulada da transação.

O instituto da transação penal parecia colidir frontalmente com a Carta Magna (art. 5º, incs. LIV e LV).

---

[3] Art. 104. O direito de queixa não pode ser exercido quando renunciado expressa ou tacitamente.
Parágrafo único. Importa renúncia tácita ao direito de queixa a prática de ato incompatível com a vontade de exercê-lo; *não implica, todavia, o fato de receber o ofendido a indenização do dano causado pelo crime* (grifei).

Havia a sensação de que a presunção de inocência sofria um golpe fatal.

Entretanto, a transação penal já estava prevista como proposta constitucional (art. 98, inc. I)[4]. Bastava apenas a regulamentação, o que ocorreu com a publicação da Lei 9.099.

Enquanto forma de despenalização, a transação penal veio consubstanciar, na esfera criminal, a aspiração por um modelo de intervenção mínima do Direito Penal, apresentando-se mais efetiva no que se refere aos delitos de menor lesividade social.

Todavia, cumpre destacar que o critério de infração de menor potencial ofensivo do art. 61 da Lei 9.099[5] para a aplicação da transação não é suficiente.

Recentemente, com a publicação da Lei 9.503/97 (Código Nacional de Trânsito) por disposição expressa do parágrafo único do art. 291 da referida Lei, ficou autorizada aplicação do instituto da transação penal para crimes de trânsito com pena privativa de liberdade com prazo máximo superior a um ano, a saber: lesão corporal culposa (art. 303 do CNT), embriaguez ao volante (art. 306 do CNT) e participação em competição não autorizada (art. 308 do CNT).[6]

---

[4] Art. 98. A União, no Distrito Federal e nos Territórios e os Estados criarão: I - juizados especiais, providos de juízes togados, ou togados e leigos, competentes para a conciliação, o julgamento e a execução de causas cíveis de menor complexidade e *infrações penais de menor potencial ofensivo*, mediante os procedimentos oral e sumaríssimo, permitidos, nas hipóteses previstas em lei, a *transação* e o julgamento de recursos por turmas de juízes de primeiro grau.

[5] Art. 61. Consideram-se infrações penais de menor potencial ofensivo, para os efeitos desta Lei, as contravenções penais e os crimes a que a lei comine pena máxima não superior a um ano, excetuados os casos em que a lei preveja procedimento especial.

[6] Art. 291. Aos crimes cometidos na direção de veículos automotores, previstos neste Código, aplicam-se as normas gerais do Código Penal e do Código de Processo Penal, se este Capítulo não dispuser de modo diverso, bem como a Lei nº 9.099, de 26 de setembro de 1995, no que couber.
Parágrafo único. Aplicam-se aos crimes de trânsito lesão corporal culposa, de embriaguez ao volante e de participação em competição não autorizada o disposto nos arts. 74, 76 e 88 da Lei nº 9.099 de 26 de setembro de 1995.

Embora com repercussão imediata no exercício da pretensão punitiva do Estado, a transação tem natureza híbrida, penal e processual, repercutindo na fase preliminar ou no processo.[7] Em decorrência, duas questões polêmicas são trazidas à discussão: limite de retroatividade da Lei 9.099 e admissibilidade ou não de proposta de transação penal pelo juiz.

5.3. Transação penal e a extensão da retroatividade da Lei 9.099

A discussão acerca da inaplicabilidade da restrição do art. 90 da Lei 9.099[8] quanto à incidência dos institutos despenalizadores aos processos já em andamento na vigência da Lei, repercutiu de forma clamorosa no dia-a-dia dos operadores, Promotores de Justiça, Advogados e Juízes.

Em Primeiro Grau, os juízes passaram a conceder vista ao Ministério Público para que se manifestasse sobre a eventual possibilidade de transação penal.

Os processos que chegaram à Turma Recursal Criminal do Rio Grande do Sul[9] eram baixados em diligên-

---

Art. 303. Praticar lesão corporal culposa na direção de veículo automotor; Penas - detenção, de seis meses a dois anos...
Art. 306. Conduzir o veículo automotor, na via pública, sob a influência de álcool ou substância de efeitos análogos, expondo a dano potencial a incolumidade de outrem:
Penas - detenção, de seis meses a três anos...
Art. 308. Participar, na direção do veículo automotor, em via pública, de corrida, disputa ou competição automobilística não autorizada pela autoridade competente, desde que resulte dano potencial à incolumidade pública ou privada.
Penas - detenção, de seis meses a dois anos...
V. item 5, nota 31.

[7] GRINOVER, Ada Pellegrini et al. Juizados Especiais Criminais. 2ª ed., São Paulo: Editora RT, 1997, p. 39.

[8] v. ALBERTON, Genacéia da Silva. Considerações sobre o Juizado Especial Criminal. AJURIS 67:275.

[9] Como Juíza Criminal à época da promulgação da Lei, tive o privilégio, com alguns colegas, de integrar a primeira Turma Recursal Criminal do Estado

cia para eventual aplicação do instituto com solicitação de comunicação posterior à Turma, tendo em vista a informalidade do sistema dos Juizados Especiais. Concordavam os integrantes da Turma que, efetivamente, o legislador infraconstitucional não poderia impedir o alcance da norma constitucional (art. 5º, § 1º, da Constituição Federal).[10]

O Tribunal de Alçada do Rio Grande do Sul, por sua vez, adotou a sistemática de conceder *habeas corpus* de ofício, determinando a baixa dos autos à origem para cumprimento da Lei 9.099, tendo em vista a retroatividade *in bonam partem* prevista no art. 5º, inc. XL, da Constituição Federal, posição também adotada pelo Supremo Tribunal Federal e Superior Tribunal de Justiça.[11]

Porém, a preocupação se colocou no sentido de se identificar até que momento iria se estender tal retroatividade e se ela poderia atingir os processos com trânsito em julgado em decorrência do disposto no parágrafo único do art. 2º do Código Penal.[12]

---

do Rio Grande do Sul, podendo, assim, sentir o impacto da Lei 9.099 tanto como juíza de Primeiro Grau como de Segundo na aplicação da lei dos Juizados Especiais.

[10] v.g. Ap. crim. 01396850107, 01396850099, 01396852673, 01397500297, 01397500271.

[11] v.g. Ap. nº 295051213, 2ª Câmara Criminal do TARGS, Relator Juiz de Alçada Tupinambá Pinto de Azevedo. No mesmo sentido manifestou-se o Superior Tribunal de Justiça no Recurso Especial nº 0101738, tendo como Relator o Ministro Vicente Leal, com acórdão lavrado pelo Ministro Fernando Gonçalves, onde foi determinado, por maioria, o retorno dos autos ao Tribunal de Justiça do Estado de origem para observância da Lei 9.099. *EMENTA: Lei 9.099/1995. Infração penal de menor potencial ofensivo. Aplicabilidade. A Lei 9.099/1995, consoante fixado pelo STF no julgamento do inquérito 1.055 (DJ de 24.05.96) tem efeito retroativo no tocante às "medidas despenalizadoras", autorizando o retorno do processo ao juízo a quo para análise e, sendo o caso, aplicação dos institutos da transação e da suspensão condicional do processo."* Também nessa orientação, conforme Jurisprudência Informatizada Saraiva (09): HC 62414-SP, HC 73837-GO (STF), HC 1357-SP, HC 96-RJ (STJ).

[12] "Parágrafo único. A lei posterior, que de qualquer modo favorecer o agente, aplica-se aos fatos anteriores ainda que decididos por sentença condenatória transitada em julgado".

A questão foi examinada à luz da teoria do *substantial disadvantage*.[13] De acordo com tal teoria, sempre que uma nova lei vier afetar direito substancial não poderá retroagir, o que, a *contrario sensu* levaria ao raciocínio de que a lei nova que trouxer benefícios deverá retroagir, alcançando fatos passados. A questão polêmica foi trazida à discussão no Grupo de Estudos de Processo Penal Alaor Terra, da Escola Superior da Magistratura do Rio Grande do Sul[14], entendendo o grupo que é inviável a aplicação retroativa da Lei 9.099 aos condenados em regime de execução penal por ser o trânsito em julgado da decisão o limite natural da retroatividade das medidas despenalizadoras mais benéficas da Lei 9.099.

Em que pese manifestação favorável em decisão do egrégio Tribunal de Alçada do Estado de São Paulo[15] o tema gera dúvidas. Cumpre questionar, então, até que ponto tal posicionamento agride a efetividade da justiça criminal que tem exaurido o exercício da pretensão punitiva do Estado no trânsito em julgado do processo de conhecimento.

[13] Ada Grinover e outros, *Op. cit.* p. 308. Alertam, todavia, os Autores que o art. 90 não se aplica às normas de direito penal material. E à p. 41, ao tratar da retroatividade, destacam: *"Mas há um limite natural para essa retroatividade: os casos já julgados definitivamente (é dizer, com trânsito em julgado) não serão, obviamente, ressuscitados."*

[14] O Grupo de Estudos, vinculado à Escola Superior da Magistratura, é formado por Juízes interessados na reflexão sobre temas da área processual penal, sendo dado a ele o nome do eminente Desembargador Alaor Wiltgen Terra, professor emérito e magistrado exemplar, já falecido, que, em 1985 formou um grupo de estudos para manter vivo entre os Juízes recém-ingressos na Magistratura o empenho no estudo constante do Direito Processual Penal com a observação de seus princípios fundamentais.

[15] Agravo em execução nº 1011073. "Lei nº 9.099/95. Transação penal. Réu condenado exclusivamente a pena de multa, sem outros antecedentes. Aplicação retroativa a atingir condenação com trânsito em julgado. Admissibilidade: os benefícios previstos no § 4º do art. 76 e parágrafo único do art. 84 da Lei 9.099 de 1995, são aplicáveis a fatos anteriores à vigência daquela lei, ainda que já decididos por sentença condenatória transitada em julgado, em observância a garantia constitucional do art. 5º, XL, da Constituição Federal e da norma do parágrafo único do art. 2º do Código Penal." (2ª Câmara Criminal, Rel. Erix Ferreira, julg. em 13.06.96).

A questão foi analisada pelo Dr. Tupinambá Pinto de Azevedo, quando integrante da 2ª Câmara Criminal do Tribunal de Alçada do Rio Grande do Sul, nos autos da Apelação nº 295051213[16].

Ali, o preclaro Relator destacou o caráter material da transação penal, visto que, aceita a proposta do Ministério Público, o autor da infração se beneficia pelo conteúdo mitigado da transação de tal forma que não é sequer pressuposto para reincidência.

Com base nas lições de Damásio de Jesus, lembrou que nas hipóteses em que a lei nova cria causas extintivas da punibilidade desconhecidas na legislação antiga, que permite a obtenção de benefícios não-admitidos na legislação antiga ou, que comine pena menos rigorosa, é obrigatória a aplicação da retroatividade da lei nova que não se detém nem mesmo perante a coisa julgada.[17]

A isso acrescentou que a Lei 7.210/84 (Lei das Execuções Penais) atribui ao Juiz da execução, no art. 66, inc. I, a aplicação da lei nova que, de qualquer modo, favoreça o condenado.

Contudo, ponderou que existem limitações óbvias à retroatividade como o caso em que já houve execução da pena, quando só a iniciativa do interessado poderá movimentar o Juízo porque inexiste o impulso oficial, no caso em que a nova lei reduz a quantidade da pena ou torna menos rigorosa a pena que já está cumprida.

Com relação à Lei 9.099, embora sem fechar a questão, destacou: "Se já houve o pronunciamento do Estado-juiz, se a pretensão punitiva se concretizou em pena aplicada, se há uma definitiva declaração de culpa, qual o objeto da transação penal?"[18]

---

[16] O acórdão foi publicado na íntegra na *Revista dos Juizados Especiais - Doutrina - Jurisprudência, parágrafo único do art. 2º do Código Penal.* (2ª Câmara Criminal, Rel. Erix Ferreira, julg. em 13.06.96). Porto Alegre, v. 17, p. 98-106, ag. 1996.

[17] *Apud.* JESUS, Damásio. *Direito Penal*, 15ª ed., vol. I, p. 78.

[18] p. 102.

Refletindo sobre a questão, entendo que, embora não haja dúvida quanto à retroatividade do institutos despenalizadores quanto aos processos em curso na publicação da Lei 9.099, pois inconstitucional[19] a restrição estabelecida no art. 90 da Lei, é certo que o limite da retroatividade está na coisa julgada. Atente-se, aliás, que a transação penal tem como pressuposto a ausência de manifestação definitiva do Estado sobre a culpa do agente, havendo, portanto, impossibilidade jurídica de pretensão à transação aos réus condenados definitivamente, salvo se desconstituída a sentença via revisão criminal.[20]

O fundamento da coisa julgada, tanto na esfera do processo civil como na do processo penal, tem caráter político, isto é, a exigência de certeza do direito no caso concreto. E a esse, especialmente no processo penal, se acrescente, como afirma Giovanni Leone, a tendência à manutenção da paz social, vindo a aplacar a expectativa da sociedade e dos sujeitos envolvidos de forma mais ou menos direta.[21]

Considerando que a transação não tem como pressuposto a existência de pena, sendo um instrumento de não-aplicação da pena privativa de liberdade, se torna incompatível a sua aplicabilidade se ocorrida a coisa

---

[19] JESUS, Damásio E. de. *Lei dos Juizados Especiais Criminais Anotado*. São Paulo: Saraiva, 1995, p. 106.

[20] Vedando a aplicação retroativa da Lei 9.099 no caso de sentença com trânsito em julgado há manifestação do Primeiro Grupo Criminal do Tribunal de Alçada do Estado do Rio Grande do Sul (Revisão Criminal nº 297010522, tendo como Relator Dr. Sylvio Baptista Neto, julgado em 25 de agosto de 1997), assim como o Segundo Grupo Criminal (Revisão Criminal nº 296032634, tendo como Relator Dr. Danúbio Edon Franco).

[21] "Per quanto più da vicino concerne il giudicato penale ha dato osservare come nell'ambito del'esigenza della certezza del diritto si enuclei un particolare profilo che è rappresentato dalla tendenza del processo penale al fine del mantenimento della pace sociale. In sostanza il giudicato penale placa l'aspettativa della società nei confronti di una notitia criminis e placa l'aspettativa di giustizia dei soggetti del reato e di quegli altri individui sui quali il reato incide più o meno direttamente..." *In: Manuale di Diritto Processuale Penale*. Napoli: Casa Editrice Dott. Jovene, 1982, p. 701.

julgada, tornando executável a medida imposta judicialmente.

5.4. Transação penal e conciliação:
efeitos no âmbito cível

A transação penal é uma forma de autocomposição
na esfera criminal, mediante a qual, independentemente
da existência de demanda penal, o autor da ação penal
propõe a aplicação imediata de pena não-privativa de
liberdade se presentes as condições previstas no art. 76
da Lei 9.099. É uma espécie do gênero conciliação.[22]
Entretanto, isso não lhe confere o caráter de acordo
civil, o que se depreende pela leitura do art. 76 *caput* e
pela repercussão penal da aceitação da proposta feita
pelo Ministério Público (v. § 6º do art. 76).

Nos termos da Lei 9.099, a conciliação é fase obrigatória nas hipóteses em que ela pode ocorrer e se apresenta como forma de extinção da punibilidade nas ações de
iniciativa privada (art. 107, inc. V do Código Penal c/c
parágrafo único do art. 74 da Lei 9.099).

Nas ações condicionadas à representação, a conciliação impede o exercício da ação penal pelo Ministério
Público que não se reveste de legitimidade plena para
agir se não tiver ocorrido a manifestação da vítima ou de

---

[22] Existe quem identifique na transação um negócio jurídico civil, tanto que,
homologada por sentença, a transação tornar-se-ia um título executivo judicial, nos termos do art. 584, inc. III, do Código de Processo Civil. A transação
penal seria uma obrigação civil assumida pelo autor do fato mediante
proposta do Ministério Público enquanto representante da sociedade. Assim,
no caso de inadimplemento do devedor não seria seguida a lei de execução
penal ou os arts. 84 e 86 da Lei 9.099/95, mas, sim, o art. 646 e ss. do Código
de Processo Civil, tratando-se de execução por quantia certa (multa), ou art.
632 e ss. do Código de Processo Civil, quando o acordo tiver por objeto
obrigação de fazer ou não fazer (restritiva de direitos). Nesse sentido v.
SANTORO FILHO, Antônio Carlos. *A natureza jurídica da transação penal. In:*
Tribuna da Magistratura. Caderno de doutrina. Associação Paulista de
Magistrados, São Paulo, nº 1, p. 9-11, maio 1996.

quem o represente, demonstrando não se opor à punição do autor da infração penal.

Havendo composição dos danos civis, esta será reduzida a escrito e, sendo homologada pelo Juiz, a sentença valerá como título executivo, podendo ser executada no juízo cível competente. Pela natureza preponderantemente civil, a sentença decorrente do ato homologatório será irrecorrível nos termos do art. 74 da Lei 9.099.

Destaque-se que, em se tratando de transação, a proposta deverá ocorrer na audiência preliminar, quando ainda não instaurada a demanda penal (art. 76) se não for caso de arquivamento, embora também possa ser apresentada após o oferecimento da denúncia se não tiver ocorrido anterior possibilidade de proposta por parte do Ministério Público (art. 79). Nessa segunda hipótese, a proposta será oferecida antes do recebimento da denúncia, o que se verifica pela leitura do art. 81.

Portanto, embora o autor da infração venha a ser intimado para a audiência preliminar (art. 71), caso ela não se realize imediatamente nos termos do art. 70, ou venha a ser citado[23] para a audiência de instrução e julgamento do procedimento sumaríssimo se não tiver comparecido à audiência preliminar (art. 78, § 1º), em ambas as hipóteses a transação é proposta sem que haja

---

[23] No procedimento sumaríssimo, completa-se a relação processual com a citação do denunciado (ou querelado se for ação de iniciativa privada) antes do efetivo recebimento da peça que consubstancia a ação penal. O juízo de admissibilidade da ação penal dar-se-á tão-somente após a resposta à acusação formulada pela defesa técnica (art. 81). Tal circunstância, todavia, embora fuja aos padrões tradicionais, não fere os princípios norteadores do processo, pois a *vocatio in judicio* é que faz se instalar a relação processual, sendo o denunciado ou querelado informado da acusação que existe contra ele. Na Lei 9.099, à semelhança do que já ocorre no processo por crime de responsabilidade de funcionário público (art. 514 do Código de Processo Penal), a defesa é efetivamente prévia. Não se permite, todavia, ao juiz, após a resposta, fazer exame do mérito, julgando improcedente o pedido como previsto no art. 516 do Código de Processo Penal. Cabe apenas receber ou não a denúncia ou queixa, dando-se ou não prosseguimento à demanda penal (art. 81).

manifestação judicial sobre a admissibilidade da acusação.

Considerando que o acordo homologado não é presunção de culpa, mesmo que o acusado tenha admitido o interesse em reparar o dano, a transação, segundo entendo, não é título executivo para a execução de sentença no cível, como é o caso da conciliação. A transação penal servirá apenas como um indício embasador da causa de pedir na demanda civil para eventual ressarcimento de danos que ficará sujeita à cognição plena e exauriente, podendo até mesmo haver declaração de improcedência por insuficiência probatória. Portanto, não há extensão dos efeitos da transação homologada para a jurisdição civil.[24]

Com o oferecimento da denúncia, instaura-se a ação penal, superando-se a fase preliminar. Entretanto, somente no recebimento da denúncia é que o juiz, motivadamente, irá firmar sua convicção acerca da admissibilidade da acusação, examinando inclusive se estão presentes os pressupostos e as condições da ação.

Isso, porém, não impede que, a qualquer momento, antes do trânsito em julgado, seja apresentada a proposta de transação, desde que presentes as condições favoráveis à sua aplicação se, por qualquer circunstância, ela não tiver sido proposta. Isso pode acontecer, por exemplo, pela revelia do autor da infração que, citado, não compareça à audiência de instrução e julgamento. Se a instrução se prolongar, poderá a parte comparecer em outra audiência e terá o direito à transação.

Impõe-se, aqui, destacar a distinção entre os efeitos da conciliação *stricto sensu*, cabível nas hipóteses de ação

---

[24] Aliás, o mesmo se aplica à suspensão condicional do processo. A condição de ressarcimento dos prejuízos causados à vítima se aceito pelo réu para a concessão da medida despenalizadora não faz coisa julgada para o cível. Não pode, pois, ser executado o acordo no cível. Até mesmo porque se o réu decidir não cumprir o acordado, a conseqüência será a de reativação do processo criminal, com a revogação da medida benéfica, a teor do que dispõe o § 3º do art. 89 da Lei 9.099.

penal privada ou condicionada à representação e à transação.

O acordo homologado, conforme assinalamos anteriormente, conduz à extinção do processo pela renúncia ao exercício do direito de queixa ou de representação, gerando efeitos civis (art. 107, inc. V, do Código Penal). Isso porque essa sentença valerá como título executivo (art. 74).

Em se tratando de transação, a homologação judicial da proposta de transação aceita pelo autor da infração não terá efeitos civis, cabendo aos interessados proporem a ação cabível na esfera cível (§ 6º do art. 76).

5.5. Natureza jurídica da transação

Constitui forma de despenalização[25], numa imposição atenuada da sanção penal. Representa, efetivamen-

---

[25] Na reforma criminal brasileira adotaram-se, com a Lei 9.099, formas de despenalização (conciliação, transação, obrigatoriedade de representação a determinados delitos e a suspensão processual) e não descriminalização. É de se destacar que o Comitê Europeu em Informe e Recomendações ao Conselho da Europa, reunido em Estrasburgo, no ano de 1980, ao abordar o problema da criminalidade, apontou que, para ser determinado se um comportamento deve ou não ser punido ou descriminalizado, é preciso ser avaliada a questão em três níveis: situações que devem ser considerados núcleos problemáticos; o benefício e os custos sociais da criminalização ou descriminalização e a capacidade total do sistema para verificar se não será contraproducente, em termos de qualidade de resultados, tal medida (V. CERVINI, Raúl. *Os processos de descriminalização*. 2ª ed. Rio de Janeiro: RT., p. 102). Por outro lado, sob a ótica do direito comparado, destaca Luiz Flávio Gomes que a moderna política criminal, especialmente européia, tem enfrentado a pequena e a média criminalidade com a adoção do princípio da oportunidade, com fundamento em uma justiça consensuada, podendo ser citadas Alemanha, Itália, Portugal, Espanha, Argentina, Estados Unidos da América. Por esse princípio se outorga ao titular da ação penal a possibilidade de dispor, sob certas condições, do exercício da ação penal (V. *Suspensão condicional do processo penal*. São Paulo: RT, p. 28-48). Verifica-se, pois, que, em vez de descriminalizar, no Brasil, como técnica de política criminal, passamos a implementar o princípio da oportunidade e nele se insere o instituto da transação penal, dando ao Ministério Público condições de, observadas certas condições, propor a aplicação imediata de pena de multa ou restritiva de direitos, independentemente da instauração de processo.

te, um novo modelo consensual de Justiça Criminal.[26] Temos, pois, um instituto de natureza penal, embora desvinculado da admissibilidade de culpa e da instauração da ação penal, apresentando, por isso, características que lhe são peculiares. Aliás, fizemos questão de ressaltar que a proposta de transação ocorre antes da instauração da ação penal, na audiência preliminar ou antes do recebimento da denúncia ou queixa se não houve oportunidade de a mesma se efetivar em fase anterior por ausência do autor da infração.[27]

Em se tratando de transação, sendo a convergência de vontades devidamente homologada, teremos uma sentença com eficácia declaratória - constitutiva.[28]

Considerando que a transação está no plano do consenso, não há impedimento de que a defesa discorde da proposta feita pelo Ministério Público se esta não for adequada ou não estiver conforme a lei.[29]

---

[26] BITENCOURT, Cezar Roberto. *Juizados especiais criminais e alternativas à pena de prisão*. Porto Alegre: Livraria do Advogado, 1995, p. 97.

[27] Pela natureza despenalizadora do instituto, nas infrações de menor potencial ofensivo (art. 61), não havendo óbice à sua concessão (§ 2º do art. 76), a transação poderá ser proposta a qualquer momento processual, antes do trânsito em julgado, desde que não tenha sido oportunizada a manifestação do Ministério Público em momento anterior. Isso porque se trata de um direito subjetivo que, excepcionalmente, pode ser exercido mesmo após a sentença, desde que a mesma não tenha se tornado imutável pela coisa julgada. Por isso a Turma Recursal tem mantido orientação no sentido de baixar em diligência à origem os processos referentes a infrações de menor potencial ofensivo em andamento e julgados após a vigência da Lei 9.099 para que seja oportunizada a proposta de transação penal caso ela não tenha se realizado.

[28] Essa é a classificação preconizada por Cezar Roberto Bitencourt (*Op. cit.* nota 26) que classifica a sentença homologatória da transação como "declaratória constitutiva", afastando o caráter condenatório porque tal sentença não gera a reincidência e nem mesmo a constituição de título executivo. Embora, inicialmente, tenhamos acolhido a transação como sentença meramente declaratória, ou preponderantemente declaratória (AJURIS 68:220), uma reflexão mais detida nos convenceu que a transação não pode ser meramente declaratória porque nela se constitui obrigação ao autor da infração. Em que pese classifiquemos as sentenças pelas eficácias preponderantes, preferimos, no caso da transação, identificá-la como declaratória-constitutiva.

[29] NOGUEIRA, Paulo Lúcio. *Juizados Especiais Cíveis e Criminais*. São Paulo: Saraiva, 1996, p. 90.

Além disso, embora a proposta seja de iniciativa exclusiva do Ministério Público, quanto à escolha alternativa da pena ou quantidade da mesma, é possível uma negociação com a defesa, porque se procura a medida que seja necessária e útil no caso concreto, tendo em vista as características pessoais do acusado.

5.6. Cabimento da transação

Será possível transação nas infrações de menor potencial ofensivo que correspondem, observado o disposto no art. 61 da Lei 9.099, às contravenções e crimes cuja pena máxima seja igual ou inferior a um ano, excetuando-se os casos em que a lei preveja procedimento especial.

Também é cabível a transação quando lei extravagante estabeleça, expressamente, a aplicação da medida, como ocorre no Código Nacional de Trânsito.[30]

Ao discorrer sobre o CNT, afirmou Luiz Flávio Gomes: *"doravante, assim, está ampliado o conceito de infração de menor potencial ofensivo: três delitos novos, embora com pena máxima superior a um ano, passam a integrá-lo."*[31]

---

[30] V. nota 6.

[31] *CTB: Primeiras Notas Interpretativas. In:* Boletim IBCCrim nº 61, p. 4, dez. 97. A questão ainda está muito recente, mas me parece que a tendência será a aplicação, por disposição expressa, dos institutos da Lei 9.099 a outras infrações não enquadradas no estreito contexto de infração de menor potencial ofensivo porque o legislador está vendo a plausibilidade de menor intervenção do direito penal puramente repressivo em infrações mais comuns, conseqüência da atividade do homem contemporâneo. Tal fato não fará com que determinadas infrações como a embriaguez ao volante possa ser considerada como infração de menor potencial ofensivo do ponto de vista sociológico e tanto não o é que o legislador impôs uma carga máxima de pena privativa de liberdade superior a um ano. Aliás, é de ressaltar que os delitos de perigo previstos nos arts. 306 e 308 são de perigo concreto, embora indeterminado.

Parece, todavia, que a questão não seja de ampliação do conceito de infração de menor potencial ofensivo, mas de ampliação da medida despenalizadora da transação para outras infrações fora dos parâmetros estabelecidos do art. 61 da Lei 9.099.

No caso de ação penal privada e na ação penal condicionada à representação, não havendo interesse da vítima em propor a queixa ou efetuar a representação ou ainda retratando-se daquela já efetivada (art. 102 do CP), será possível a autocomposição entre as partes.

Conforme assinalamos anteriormente, haverá, no caso de ação penal de iniciativa privada, a conseqüente extinção da punibilidade do autor da infração (parágrafo único do art. 74 da Lei 9.099, combinado com o art. 107, Inc. V, do CP), o mesmo ocorrendo na ação condicionada à representação.

Em virtude da possibilidade de autocomposição, afasta-se a aplicabilidade da transação quando houver oferecimento de queixa.[32]

Todavia, cumpre questionar se a transação penal é aplicável apenas nos processos que tramitam no Juizado Especial ou se também é possível em relação às infrações de menor potencial ofensivo que tenham tramitação na Justiça Federal ou especializada, como Justiça Eleitoral e Militar.

Nos termos do art. 1º da Lei 9.099, os juizados especiais são órgãos da justiça ordinária. Por isso, em face da classificação dos órgãos judiciários previstos no

---

[32] GRINOVER *et al* destacam que, no processo tradicional, se coloca à vítima, na ação penal privada, apenas a alternativa de buscar a punição plena ou a ela renunciar. Porém, com a introdução da transação penal em nosso ordenamento, há necessidade de repensar o assunto, sendo possível ao juiz aplicar por analogia o disposto na primeira parte do art. 76 para que incida nos casos de queixa. *Op. cit.* p. 122/123. Acredito que, considerando a natureza despenalizadora do instituto, a tendência será de se expandir o instituto da transação para além dos restritos termos da Lei 9.099, aplicando-se também à ação penal privada, embora, pela leitura do art. 76, isso não pareça possível, pois a legitimidade da propositura ali se coloca apenas para o Ministério Público e não para a "acusação".

art. 92 da Constituição Federal, a atuação do Juizado Especial Criminal se restringe às Justiças Estaduais e do Distrito Federal, não se aplicando às Justiças Especiais e à Justiça Federal propriamente dita. Entretanto, enquanto instituto de despenalização, tem-se questionado a possibilidade de aplicação da transação em relação às infrações de menor potencial ofensivo fora do âmbito restrito do Juizado Especial Criminal.[33]

Na Justiça Eleitoral, especialmente no Rio Grande do Sul, não tem havido maior resistência quanto à aplicação do instituto da transação[34], sendo, todavia, afastada de forma categórica na Justiça Militar. Em decisão proferida pelo Tribunal Militar do Estado do Rio Grande do Sul (26.06.96), tendo como relator o Cel. Antônio Cláudio Barcellos de Abreu, foi negado provimento ao recurso inominado interposto pelo Ministério Público contra decisões de Juízes Auditores da Auditoria Militar de Santa Maria que indeferiram promoção, requerendo a aplicação da Lei 9.099 em processos da competência da Justiça Militar.

A manifestação do Tribunal foi no sentido da inaplicabilidade dos dispositivos instituídos na Lei dos Juizados Especiais a tipos penais e processos regidos pelos Códigos Penal e Processual Penal Militar.

Em longo e fundamentado acórdão, o eminente relator aponta, entre outras questões relevantes, que as

---

[33] Note-se que, em relação à suspensão do processo, a questão parece menos polêmica porque o art. 89 da Lei 9.099 permite a sua aplicação nos crimes em que a pena mínima cominada for igual ou inferior a um ano, abrangidos ou não pela Lei dos Juizados Especiais.

[34] Quanto à suspensão condicional do processo, não tem havido dúvida quanto à sua aplicabilidade, quer na Justiça Federal, quer na Justiça Eleitoral, tendo em vista os termos do art. 89 que estabelece como critério de aplicação da medida a quantidade de pena mínima cominada, abrangidas ou não pela Lei 9.099. Nesse sentido, em nível de Justiça Federal HC nº 97.04.72569-8, 2ª Turma do TRF, Relatora Juíza Tania Escobar. No que se refere à Justiça Eleitoral, v.g., Recurso Criminal nº 1.279/96, Classe Terceira, Acórdão nº 127.628, rel. Juiz Márcio Moraes, j. 10.04.97, m.v., DOE /SP de 17.04.97, p. 26, *in*. Boletim IBCCrim nº 60, p. 216, nov. 1997.

normas do Código de Processo Penal Comum e as do Código Penal Comum não são estritamente aplicáveis à Legislação Penal Militar e Processual Penal Militar, sendo que as alterações ocorridas no Código Penal brasileiro não interferiram no sistema do Código Penal Militar. Assinala, aliás, que o próprio Código Penal, no seu art. 12, afasta a sua incidência nos assuntos em que legislação especial dispuser de modo diverso.

Cumpre, aqui, destacar parte da ementa por ser de interesse específico da matéria ora em exame:

"Impossível a Transação Penal, seja entre vítima e acusado, seja entre este e o Ministério Público, visando suspender o curso do devido processo legal, sempre que este versar delito Militar, vez que constitucionalmente (art. 37, § 6º, CF) o Estado é o responsável civil pelos danos pessoais ou materiais causados a terceiros por seus servidores e, em conseqüência, há interesse público, prevalecente sobre o do acusado na obtenção de sentença final, condenatória ou absolutória.

Remetendo a Lei expressamente a institutos da Codificação Comum desconhecidos pela Codificação Militar impossível a integração de normas, pena de desfigurar-se e desvirtuar-se o sistema instituído pelos Códigos Penal e Processual Penal Militar."

Embora a questão seja efetivamente polêmica, eis que a transação é um instituto de natureza preponderantemente penal, é possível admitir que a medida despenalizadora tenha aplicabilidade na Justiça Federal comum e nas Justiças penais especiais[35], da mesma

---

[35] Não vejo óbice à aplicação do instituto na Justiça Eleitoral, até porque aos fatos incuminados no Código Lei Eleitoral aplicam-se as regras gerais do Código Penal (art. 287 do Código Eleitoral). No caso da Justiça Militar, cumpre refletir se o fato de possuir um sistema normativo com índole própria impediria a aplicação do instituto. Parece que sim. Entretanto, cumpre destacar que se impõe uma renovação na legislação penal e processual penal militar, adaptando-as às alterações advindas da Carta Constitucional de 88. Note-se que há interesse do Estado em medidas despenalizadoras no que se refere a infrações de menor potencial ofensivo, parecendo não importar, no bojo de uma política criminal, se o autor é ou não militar. Cumpre aqui destacar que favoráveis à transação na Justiça Militar se posicionam Ada Pellegrini *et al., Op. cit.*, p. 136.

forma que não há dúvida sobre a sua aplicação no Juízo comum nas Comarcas onde não estiver instalado o Juizado Especial.

Desde que as infrações possam se enquadrar em infrações de menor potencial ofensivo não tendo procedimento especial, é possível a aplicação do instituto que se lança para além do restrito campo dos processos que tramitam perante o Juizado Especial Criminal.[36] Observe-se que a tendência ampliativa não deverá ser motivo de rechaço dos operadores do direito porque se coaduna com a proposta de alteração legislativa, eis que nos projetos setoriais de reforma do Código de Processo Penal não havia ressalva a infrações com procedimentos especiais, apontando-se o rito sumário e, nele, a possibilidade de transação "nos processos das contravenções e com pena de detenção".[37]

5.7. Proposta de transação: condições e iniciativa judicial

A transação é direito público subjetivo do autor da infração, se presentes as condições para a sua proposta. Por esse motivo, não está na livre vontade do Ministério Público propor ou não a transação. Se não o fizer, caberá motivar a ausência de proposta.

Frente à ausência de proposta ou de negativa do Ministério Público quanto à concessão do benefício, surge a discussão acerca da concessão pelo Juiz, independentemente de manifestação do Ministério Público ou contrário à sua posição.

---

[36] Repetimos, aqui, o posicionamento que expusemos no artigo *Juizado Especial Criminal - transação penal e recursos*. AJURIS 68, P. 227.

[37] ALBERTON, Genacéia da Silva. "Breves considerações sobre a reforma do CPP". *In Estudos de Direito Processual Penal*. Coord. Paulo Cláudio Tovo. Porto Alegre: Livraria do Advogado, p. 135.

Desde a promulgação da Lei 9.099, tenho defendido a tese de que a proposta de transação penal somente poderá ser oferecida pelo Ministério Público. Isso por entender que dar a iniciativa de proposta ao Juiz afronta disposição constitucional que confere ao Ministério Público a iniciativa da ação penal pública (art. 129, inc. I, da Constituição Federal).

Entretanto, temos observado que a questão não é pacífica. Entendendo-se a transação como medida despenalizadora que passou a ser um direito público subjetivo do infrator, há jurisprudência no sentido de que ausente proposta pelo Ministério Púbico, cabe ao Juiz fazê-lo de ofício.

Nesse sentido, v. g.:

"Lei nº 9.099/95. Transação penal e suspensão condicional do processo. Ausência de proposta pelo Ministério Público. Irrelevância. Proposição de ofício pelo juiz. Necessidade: propostas alternativas previstas nos arts. 76 e 89 da Lei 9.099/95, devem ser feitas pelo Ministério Público, desde que preenchidos os requisitos legais, sendo que se a acusação não faz a proposta, deve o juiz fazê-la de ofício, pois trata-se de direito subjetivo do acusado" (Tribunal de Alçada Criminal de São Paulo, 10º Câmara, Ap. nº 1017. 969, Rel. Breno Guimarães, julg. 19.06.96).[38]

Se o Juiz entender que é cabível a transação, e o titular da ação penal negar-se a oferecer a proposta, questionou-se, inicialmente, acerca da possibilidade de aplicação analógica ao disposto no art. 28 do Código de Processo Penal, cabendo ao juiz encaminhar ao Procurador-Geral da Justiça os autos para que ele se manifeste.[39]

---

[38] No mesmo sentido Ap. crim. nº 985.841, da 8ª Câmara do TACrSP. V. também referência à jurisprudência que se firma, atribuindo ao juiz o dever de oferecer a transação caso o Ministério Público se negue a fazê-lo referida por Ada Pellegrini *et. al, Op. cit.,* p. 134.

[39] O prof. Mirabete, em palestra proferida na Escola Superior da Magistratura (18.05.96), afirmou ter entendimento contrário a essa conduta de encaminhamento ao Procurador-Geral da Justiça. Em sentido favorável, todavia, está Damásio de Jesus. *In: Lei dos Juizados Especiais Criminais Anotada.* São

Porém, a jurisprudência tem se manifestado no sentido de sua inaplicabilidade, porque para a incidência do art. 28 do Código de Processo Penal é necessário pedido de arquivamento sob a afirmação de que não há provas de cometimento de um crime ou de autoria, requisitos que não se coadunam com o disposto no art. 76 da Lei 9.099.[40]

Cumpre, então, levantarmos a questão relativa à atuação do juiz frente à ausência de proposta de transação e na negativa de concessão.

Havendo inércia no oferecimento de proposta de transação nas hipóteses de seu cabimento, o Tribunal de Alçada e, atualmente, a Turma Recursal Criminal do Estado do Rio Grande do Sul têm concedido *habeas corpus* de ofício ao réu para que os autos baixem à origem para que se efetive o oferecimento de proposta da medida despenalizadora.[41]

O Juiz não pode propor a transação penal, eis que seria uma afronta à disposição constitucional que confere ao Ministério Público a iniciativa da ação penal pública (art. 129, inc. l, da CF), seria retornar ao estágio de um processo inquisitorial.

Paulo: Saraiva, 1995, p. 67. Na mesma linha de raciocínio está Maurício Antônio Ribeiro Lopes, que ressalta ainda, com razão, que a falta de proposta de transação quando cabível pode ensejar o não-recebimento de eventual oferecimento de denúncia. *In: Comentários à Lei dos Juizados Especiais Cíveis e Criminais*. São Paulo: RT, 345.

[40] Ap. nº 1.031.541/0, 6ª Câmara, Relator Almeida Braga, j. 09.10.96, RJTA-CRIM 33/174.

[41] V.g. Processo 01397508043, julgado em 1º.09.97, tendo como Relator Dr. Nereu José Giacomolli. No Proc. nº 01397506070, julgado em 04.09.97, o Relator, Dr. Umberto Guaspari Sudbrack, destacou: "Trata-se de fato praticado antes da vigência da Lei 9.099/95, aplicando-se, portanto, retroativamente, as disposições legais no novo diploma. A falta de observação do disposto nos arts. 74, 75, 76, 88 e 89 da lei não representa, assim, supressão de formalismo capaz de gerar a nulidade da sentença, como pretende o apelante, em preliminar. Todavia, ainda que sem antever a nulidade mencionada na prefacial das razões de apelo, vislumbro a existência do direito subjetivo público do réu, cerceado por constrangimento ilegal, a exigir, pelo menos, a concessão de *habeas corpus* de ofício, para que seja formulada proposta de conciliação prevista na Lei 9.099/95 ou os demais benefícios nela contidos."

De qualquer forma, se preenchidos os requisitos legais objetivos e subjetivos para a proposta e não sendo a mesma oferecida, há constrangimento ilegal sanável por *habeas corpus*.

Quanto ao assistente de acusação, ele não tem legitimidade processual para impugnar a proposta apresentada pelo Ministério Público, eis que atua como auxiliar da acusação. Entretanto, se souber de fatos que demonstrem não ser suficiente para o autor da infração a mera transação penal, poderá trazê-los ao conhecimento do órgão de acusação (art. 76, § 2º, inc. III).

Observe-se que a proposta de transação penal somente deverá ocorrer depois que o Ministério Público verificar que não é caso de arquivamento. Portanto, a impossibilidade de arquivamento é uma das condições para que o Ministério Público proponha a aplicação imediata de pena de multa ou de pena restritiva de direitos.

Nada impede que o próprio autor da infração, por seu defensor, faça a proposta de aplicação imediata de pena não-privativa de liberdade, embora a lei refira especificamente ao Ministério Público.

Importante assinalar é que, se não ocorrerem as hipóteses do § 2º do art. 76, o Promotor de Justiça tem o dever de propor a transação penal ao autor da infração que tenha comparecido à audiência preliminar. Isso porque, se ausente, aplica-se o art. 77 da Lei 9.099, podendo o Ministério Público oferecer denúncia escrita ou oral.

Lembremos que a Comissão Nacional de Interpretação da Lei 9.099 entendeu que o Juiz não poderia se substituir à vontade do Ministério Público no caso do art. 76 porque não existe processo, e a homologação da transação representaria a instauração de ação *ex officio*. Entretanto, no caso em que a ação já foi exercida, poderia o juiz substituir-se à vontade do Ministério

Público na proposta de transação e também de suspensão do processo. A homologação da transação é resposta jurisdicional, exercício da jurisdição sem ação. Insistimos, pois, que permitir ao Juiz que proponha a transação contra a vontade do Promotor é retirar-lhe o direito constitucional do exercício do direito de ação.

Todavia, se o Promotor, oportunizada a manifestação, mantiver-se inerte e houver requerimento da parte, não estará o juiz mais agindo *sponte sua*, mas provocado pelo réu. A sua atuação ao propor a transação penal evitará que seja ferido direito do acusado que é de ver aplicada medida despenalizadora se presentes as condições previstas em lei.[42]

São óbices à proposta de transação: a) ter sido o autor da infração condenado definitivamente por crime com pena privativa de liberdade; b) ter sido beneficiado anteriormente, no prazo de cinco anos, pela transação penal; c) os antecedentes, a conduta social e personalidade do agente, bem como os motivos e as circunstâncias não indiquem ser a medida necessária e suficiente.

Analisadas essas restrições, vemos que a eventual condenação do autor da infração por contravenção ou por crime em que não tenha sido cominada pena privativa de liberdade não obsta à concessão do benefício, embora essa circunstância venha a ensejar o impediente do inc. III do § 2º do art. 76, isto é, conduta anti-social reiterada a demonstrar que a simples medida de aplicação de multa ou pena não-restritiva de liberdade sem a instauração de processo não lhe é suficiente para prevenir a prática de outra infração penal.

---

[42] Ao examinar a questão envolvendo proposta de suspensão do processo, no HC nº 5494/SP, foi reconhecido, pela manifestação do Min. Cernicchiaro, que o institou da suspensão se apresenta como um direito público subjetivo. Assim, não podendo ficar sem tutela, cabe ao juiz, em face da inércia ou recusa ministerial, de ofício, conceder a suspensão se verificar a presença de seus pressupostos.

Se o autor da infração tiver um processo suspenso condicionalmente, nos termos do art. 89 da Lei 9.099, também não terá prejudicada a proposta de transação se a infração cometida não tiver repercussão social, embora esse fato possa refletir no processo suspenso em face do disposto nos §§ 3º e 4º do art. 89 da Lei 9.099, podendo o benefício ser revogado.

Ao fixar o prazo de cinco anos, a Lei 9.099 utilizou o mesmo critério do Código Penal para o reconhecimento da reincidência. Assim, se o prazo for superior a cinco anos, essa circunstância não inibe o oferecimento de proposta de transação, terá relevância desfavorável apenas quanto aos antecedentes (inc. III do § 2º do art. 76).

Na linha de uma política criminal, o instituto da transação como forma de despenalização não se aplica àqueles que, por sua conduta, demonstram serem avessos ao controle social. O mesmo critério da suficiência previsto no art. 59 do Código Penal e utilizado na aplicação da pena é, aqui, destacado no inc. III do § 2º do art. 76.

Uma questão problemática é a relativa à medida de segurança, se ela é ou não motivo que pode prejudicar a proposta de transação.

Como bem coloca Heleno Cláudio Fragoso, ao discorrer sobre a medida de segurança, a questão essencial é identificar o seu caráter, seu fundamento e fins.[43]

A pena tem seu fundamento no dever que tem o Estado de preservar a ordem e a segurança da convivência social. Por isso, se considerarmos que a medida é aplicável aos inimputáveis autores de infração penal, a medida de segurança tem a mesma justificação e o mesmo fundamento da pena. Apresenta-se como medida de defesa social, procurando-se evitar a conduta delituosa e protegendo valores de alta relevância no ordenamento jurídico.[44]

---

[43] In: *Lições de Direito penal*. Rio de Janeiro: Forense, 1985, p. 405.

[44] Idem, p. 407.

Em decorrência, aos inimputáveis autores de infração cuja pena cominada seja de reclusão, a medida é a internação em hospital de custódia com o respectivo tratamento psiquiátrico e aos semi-imputáveis que não necessitem de tratamento curativo ou aos inimputáveis que tenham praticado delito apenado com detenção, aplica-se o tratamento ambulatorial (artigos 96 a 98 do Código Penal). Protege-se a sociedade e o próprio sujeito da medida, evitando que venha a praticar fato que a lei define como infração penal.

Em se tratando de irresponsável, fica o agente da infração isento de pena, eis que o seu pressuposto é da responsabilidade penal com a conseqüente capacidade de entender o caráter ilícito do fato ou de determinar-se conforme esse entendimento (art. 26, *caput*, do Código Penal).

Sendo relativamente capaz, a teor do que dispõe o parágrafo único do art. 26, do Código Penal, a pena pode ser reduzida de um a dois terços.

Como a imposição de medida de segurança mediante internação ou tratamento ambulatorial é por prazo indeterminado, deve ficar comprovado que cessou a periculosidade do agente (§ 1º do art. 97 do Código Penal) para o efeito da transação, eis que um dos pressupostos para a proposta é a capacidade do autor da infração.

Portanto, se comprovado que o elemento não é mais perigoso, a medida de segurança por si só não inibe a possibilidade de proposta de transação penal, embora possa ser considerada no item III do § 2º do art. 76.

Se o autor da infração tiver praticado delito anterior, sendo considerado semi-responsável, haverá condenação com redução da pena (parágrafo único do art. 26 do Código Penal). Tendo havido condenação definitiva, não será admitida a proposta de transação penal, forte no que dispõe o inc. II do artigo supra-referido.

Temos, assim, nos incisos I e II do § 2º do art. 76 circunstâncias objetivas. Quanto aos demais elementos citados no inc. III, exigem um juízo de valor sobre a conduta social do autor da infração, as possibilidades de repercussão da pena imposta na transação com caráter corretivo e a viabilidade de que mesma desestimule a reincidência.[45]

Se o Ministério Público entender não estão presentes as condições para a concessão do benefício e o Juiz entender o contrário, nada impede que juiz ofereça a proposta de transação, desde que haja manifestação do autor da infração, eis que é necessário haver consenso.

O benefício da transação penal é um direito público subjetivo do autor do fato, se estiverem presentes os requisitos para a sua concessão, o juiz tem o dever e não apenas o direito de aplicar o instituto despenalizador, não se traduzindo como um *error in procedendo* tal conduta.

Contra a decisão judicial caberá apelação, embora, antes da manifestação do autor da infração acerca da proposta, seja possível ao Ministério Público ingressar com correição parcial, pois ainda não haverá sentença.[46]

Cabível também a apelação no caso em que não tenha sido oportunizado ao Ministério Público o oferecimento da proposta. Nesse sentido, houve decisão da Turma Recursal Criminal do Rio Grande do Sul, na Apelação nº 01397507094, em que foi relator o Dr. Fernando B. Henning Jr., cuja ementa foi lavrada nos seguintes termos:

"PROPOSTA DE TRANSAÇÃO PENAL. Ausente o MP não pode o Estado-Juiz formular a proposta, sob pena de ferir-se os princípios constitucionais do sistema acusatório, da titularidade da ação penal e da inércia da jurisdição. Natureza

---

[45] Já nos manifestamos nesse sentido. Idem nota 36.

[46] A Correição Parcial nº 211.350-3, de TJSP, interposta contra ato de Juiz que conferiu a suspensão do processo contra parecer do Ministério Público, foi processada como apelação. Com muito mais razão no caso de transação.

bilateral da transação e proposta que é direito público subjetivo do autor do fato, sujeita a controle jurisdicional, mas em momento adequado: o recebimento da denúncia. Apelo provido." Logo, a oportunidade de oferecimento de proposta de transação deve ser conferida ao Ministério Público, titular da ação penal pública.

Se houver parecer contrário à concessão do benefício e percebendo o juiz que a medida é cabível, cumpre ao juiz o dever de fazer a proposta. Da mesma forma se o Ministério Público, intimado para oferecer a proposta de transação, nada disser, deixando de motivar o seu silêncio acerca da questão.

Ocorrendo inércia do Ministério Público e se nada for requerido pelo autor do fato, cumpre ao Juiz aguardar eventual oferecimento da denúncia, quando, então, exercerá o controle de garantia do devido processo legal, não recebendo a denúncia por falta de proposta prévia de medida despenalizadora com aplicação subsidiária do art. 43, inc. III, do Código de Processo Penal, com base no art. 92 da Lei 9.099.

Caso estejam presentes as condições favoráveis à concessão da medida, o Ministério Público poderá propor dois tipos de sanções: multa ou pena restritiva de direito.

Para a proposta de multa, deve ser observado o mesmo critério do art. 49, combinado com o art. 60 do Código Penal, podendo o juiz reduzir o valor até a metade com base no § 1º do art. 76 da Lei 9.099.

Destaque-se, aqui, o entendimento manifestado na XVI das Conclusões Criminais aprovadas no Encontro de Coordenadores de Juizados Especiais, realizado em Cuiabá, MT, nos dias 4 e 5 de dezembro de 1997, no sentido de que a proposta de transação penal é possível mesmo nas hipóteses em que o tipo em abstrato só comporte pena de multa.

5.8. Homologação e não-cumprimento da transação: conseqüências

O instituto da transação penal, enquanto preceito despenalizador, pressupõe a aceitação pelo autor da infração e seu defensor técnico da proposta imediata de medida sancionadora penal.

O art. 76 prevê a proposta de aplicação imediata de multa ou de penas restritivas de direitos, tendo em vista o disposto no art. 92 que estabelece a aplicação subsidiária do Código Penal e do Código de Processo Penal. Nos casos em que não houver conflito com a Lei 9.099, aplica-se à multa e às penas restritivas de direitos o disposto nos arts. 43 e 49 do Código Penal.

Nada impede que, proposta a multa ou alguma pena restritiva de direitos, o autor da infração solicite a substituição por outra pena mais compatível com a sua situação econômica ou profissional.

De acordo com o art. 60 da Lei 9.099, o Juizado Especial Criminal tem competência para conhecimento, julgamento e execução referente a infrações de menor potencial ofensivo. Portanto, homologada a transação quando imposta medida restrita de direitos, a eventual remessa dos autos para a Vara de Execuções Criminais para o cumprimento, por exemplo, de prestação de serviços à comunidade está se realizando apenas por uma circunstância fática, isto é, estrutura de pessoal.

Percebemos que, para a viabilização dos Juizados Especiais Criminais em sua fase de execução, far-se-á necessário montar uma equipe de apoio, especialmente no que se refere a assistentes sociais. A assistente social tornar-se-á o elemento de ligação entre o Juizado e o autor da infração.

Por falta de estrutura para controle, tem-se observado que, na transação, a medida proposta tem sido a de aplicação imediata de pena de multa ou prestação de serviços à comunidade.

Entretanto, em algumas Varas Criminais na Comarca de Porto Alegre, como vem ocorrendo em São Paulo e já foi aplicada no estado do Mato Grosso do Sul, está havendo a substituição da prestação de serviços à comunidade por cestas básicas ou outros bens que representem as carências de entidades que podem se consubstanciar em remédios a serem encaminhados a entidades filantrópicas, asilos, hospitais.[47]

Em se tratando de pena alternativa, essa solução, embora não prevista na Lei Especial e nem mesmo no Código Penal, não fere os critérios orientadores da Lei dos Juizados Especiais. O que se pretende é não aplicar a pena privativa de liberdade para os autores eventuais de infrações de menor potencial ofensivo face à pouca repercussão do agir do infrator. Da mesma forma não causa estranheza a possibilidade de que seja apresentada ao réu uma proposta alternativa de pena, multa ou alguma prestação que venha em prol da comunidade. Estaremos, aí, vivenciando a efetiva justiça consensual em que o próprio autor da infração tem condições, em transação, de optar por aquela sanção que lhe é mais favorável.

Por outro lado, é mais compreensível o autor da infração se dispor a ajudar uma determinada entidade, pois sabe para onde está sendo encaminhado o dinheiro despendido, do que apenas pagar uma multa.

De acordo com o art. 49 do Código Penal, a multa consiste na obrigação de pagamento ao fundo peniten-

---

[47] Em trabalho do Dr. Luiz Carlos Saldanha Rodrigues, do 2º Juizado Criminal de Campo Grande-MS, sobre os juizados especiais instalados em Mato Grosso por lei estadual, após ponderar as dificuldades no efetivo cumprimento da prestação de serviços à comunidade destacou: "Por essa razão, aqui em Campo Grande, embora se estabeleça a transação nessa modalidade, o serviço está sendo substituído pelo seu correspondente valor econômico, via de cestas básicas de alimentos, medicamentos, cadeiras de roda, consultas médicas e outros bens que sejam úteis para as entidades designadas ou escolhidas pelas vítimas". *In Procedimento no Juizado Especial Criminal e Adjunto*, p. 12.

ciário de quantia fixada na sentença, calculada em dias-multa, sendo, no mínimo, dez e, no máximo, trezentos e sessenta. Sendo sanção, e não tributo, ela não se transmite aos herdeiros do condenado.

O Fundo Penitenciário Nacional (FUNPEN) foi criado pela Lei Complementar nº 79, de 7 de janeiro de 1994, e regulamentado pelo Decreto nº 1.093, de 23 de março de 1994. Portanto, existe lei, e a multa, se imposta, não pode, sem autorização legal, ser revertida, automaticamente, ao Estado. Tanto que a multa deverá ser recolhida através de Documento de Arrecadação de Receita Federal (DARF), com a discriminação da origem dos recursos creditados.[48]

Uma questão desafiadora é o exame a respeito das conseqüências do não-cumprimento das sanções consensualmente homologadas na transação penal. É certo que são inaplicáveis os arts. 85 e 86 da Lei 9.099 porque apenas repetiram o disposto do art. 51 do Código Penal e demais disposições atinentes à espécie referente à execução das penas restritivas de direitos (art. 45 do Código Penal).

Se não houver pagamento, não haverá a transformação em pena privativa de liberdade, conforme dispõe o art. 85, visto que tal não se coaduna com o espírito que norteia a Lei 9.099.[49] Isso se aplica tanto na multa decorrente de transação homologada como àquela decorrente de sentença proferida em procedimento sumaríssimo.

Se o objetivo da Lei 9.099, na esfera criminal, é afastar a pena privativa de liberdade para os autores de infração de menor potencial ofensivo, é incompatível

---

[48] O.C. 4/95 e 50/95 da Corregedoria-Geral da Justiça do Estado do Rio Grande do Sul.

[49] Sobre a inviabilidade de conversão da pena restritiva de direitos, objeto de transação, em privativa de liberdade manifestou-se a Turma Recursal do Rio Grande do Sul no HC nº 013975511872, julgado em 28.11.97, reiterando o posicionamento no Recurso nº 01397510296, de Júlio de Castilhos, em que recorrente foi o Ministério Público.

com ela a transformação de multa em privativa de liberdade, isso porque a transação se faz em um estágio em que não se perquire culpa, não sendo a sentença homologatória condenatória, mas declaratória-constitutiva.

Aliás, a preocupação de ordem doutrinária e prática quanto à conversão de uma multa consensuada em pena privativa de liberdade está afastada em face da nova redação dada ao art. 51 do Código Penal pela Lei 9.268, segundo a qual, transitada em julgado a sentença condenatória, a multa será considerada dívida de valor, aplicando-se-lhe as normas da legislação relativa à dívida da Fazenda Pública.

Se, havendo efetiva condenação, a multa não se converterá em pena privativa de liberdade, com muito mais razão quando decorrer de transação. Considere-se, pois, inaplicável o art. 85 da Lei dos Juizados Especiais frente à atual redação do art. 51 do Código Penal.

Entretanto, é importante frisar que não foi revogado o art. 50 do Código Penal, aplicável à espécie em análise por força do art. 92 da Lei 9.099 no que se refere ao prazo de pagamento. Deverá ser propiciado ao autor da infração prazo para o pagamento da multa, o que poderá inclusive constar na proposta apresentada pelo Ministério Público. Se ele não o fizer, tal fato não traz prejuízo ao autor da infração, eis que se trata de prazo legal, sendo desnecessária qualquer determinação judicial.

Se inobservado, cumpre a intimação do infrator para que esclareça o motivo do não-cumprimento do acordado. Isso porque, se comprovada a total insolvência, acredito que poderá haver um parcelamento ou até a substituição por outra medida alternativa compatível com a situação do autor da infração. Pelo novo sistema, é possível afirmar que o cumprimento da medida imposta tem caráter *rebus sic stantibus*, mantendo-se a obrigação conforme fixado na sentença homologatória se inalterada a situação existente na data da transação.

Atente-se, aliás, para a orientação da Corregedoria-Geral da Justiça do Rio Grande do Sul no sentido de que os processos em que a única pena cominada tenha sido a de multa, não sejam encaminhados para a Vara de Execuções Criminais e sejam recolhidos os mandados de prisão expedidos em decorrência da conversão de multa não cumprida e devolvidos os processos à Vara de origem.[50]

A multa não-paga, de acordo com o art. 51 do Código Penal, transforma-se em dívida de valor a ser executada civilmente pela Fazenda Pública. Entretanto, enquanto não-paga, não será declarada extinta a punibilidade do autor da infração, pois essa somente far-se-á com o efetivo pagamento (parágrafo único do art. 84).

Não haverá, pois, um procedimento de execução criminal, eis que a simples homologação da transação não gera a extinção da punibilidade do autor da infração, o que o faz é a comprovação de cumprimento das medidas que lhe foram impostas.

No caso de pena restritiva de direitos, o controle tem se efetuado, na Comarca de Porto Alegre, na Vara de Execuções, porque esta mantém equipe multidisciplinar para o acompanhamento quando do cumprimento da medida. Todavia, a tendência será a de criação de equipe própria do Juizado Especial para efetivo atendimento à previsão constitucional do art. 98, inc. I.

---

[50] Considerando a redação do art. 51 introduzida pela Lei 9.268, considerando-se revogados os parágrafos do referido artigo e tendo em vista o princípio da retroatividade da lei penal mais benigna, o Corregedor-Geral da Justiça no O.C. 33/96 recomendou que: "a) sejam recolhidos os mandados de prisão referentes unicamente a prisões decorrentes da conversão de pena de multa; b) sejam devolvidos à origem os PECs, referentes somente à cobrança da pena de multa ou de cumprimento de pena privativa de liberdade originária unicamente da conversão; c) cessem as remessas de PECs onde a única pena a ser cumprida é a de multa, ou a privativa de liberdade convertida daquela." PEC corresponde à sigla da formalização do instrumento do processo de execução criminal de acordo com o Prov. 14/94 da C.G.J./RS.

Vimos que, por força da Lei 9.099, a transação, para ser homologada judicialmente, deverá ser proposta pelo Ministério Público, o que não impede que a defesa suscite a manifestação do órgão de acusação acerca dessa possibilidade. A isso se agrega a manifestação de vontade do autor da infração assistido por defensor técnico constituído ou da Defensoria Pública, salvo na hipótese em que o próprio autor for advogado habilitado, o que possibilitará que atue sem a necessidade de assistência técnica.

Se houver incompatibilidade entre a vontade do autor da infração e do defensor, valerá a vontade do autor da infração. Em que pese a preconizada celeridade processual prevista no art. 62, nada obsta que, no caso de dúvida, seja concedido pelo juiz prazo razoável para que o autor da infração de manifeste. Caberá também ao juiz a função mediadora de explicação acerca dos termos da lei, conforme orientação do art. 72.

Nada impede, por economia processual, que seja o autor da infração intimado da proposta do Ministério Público se não houver necessidade de qualquer manifestação acerca de eventual reparação de danos, dispensando-se audiência. Nesse ponto é necessário não perder de vista o disposto no art. 65, § 1º, da Lei 9.099.

Após manifestação do autor da infração e defensor técnico acolhendo a proposta apresentada pelo Ministério Público, abrem-se duas possibilidades técnicas: homologação desde logo ou homologação postergada, condicionada ao cumprimento das obrigações.

Embora a segunda hipótese tenha sido utilizada nos Juizados Especiais em face da grande incidência de infratores relapsos que deixavam de cumprir com as medidas propostas na transação, parece que tal procedimento não atende aos interesses do Juizado Especial, que é o de celeridade.

A Lei, nos termos dos §§ 3º e 4º do art. 76, não prevê qualquer diferimento da homologação judicial. Cumpre ao juiz, desde logo, aceita a proposta pelo autor da infração e seu defensor, apreciá-la.

Da sentença, a teor do § 5º do art. 76, caberá apelação. Não há, pois, como extrair do texto legal a possibilidade desse retardamento da homologação.

Não cumprido o avençado na proposta, o autor do fato quebra o acordo. Portanto, o inadimplemento, mesmo em se tratando de sentença, importa na desconstituição, o que pode constar como termo integrante da transação. Assim, intimados o interessado e seu defensor, nada sendo dito no prazo a ser fixado pelo Juiz, caberá a remessa dos autos ao Ministério Público para possibilitar o oferecimento de denúncia.[51]

Portanto, não cumprido o acordado e homologado judicialmente, fica o autor da infração sujeito ao exercício da pretensão punitiva do Estado pelo Ministério Público, o que é adequado, pois não leva ao desprestígio da Justiça Criminal e estimula o cumprimento e efetividade da medida despenalizadora da transação.

Se não foi ainda oferecida a denúncia, haverá possibilidade de o Ministério Público oferecê-la. Se o processo já havia iniciado, não cabe nova denúncia, mas o prosseguimento do processo.

Conquanto não haja previsão legal, para evitar polêmicas, entendo plausível que seja colocado, no ter-

---

[51] Merecem, pois, elogios os termos da Conclusões X e XVII do II Encontro de Coordenadores de Juizados Especiais realizados em Cuiabá: "X - Não paga a multa decorrente da transação, o processo continua..." e "XVII - O inadimplemento do avençado na transação penal, pelo autor do fato, importa em desconstituição do acordo homologado e, após, cientificação do interessado e seu defensor, determina a remessa dos autos ao Ministério Público." Em sentido contrário: HC nº 314.726/9, 7ª Câmara, TACrim SP, rel. juiz Salvador D'Andrea, j. 20.11.97, v.u.: *"Não pode o Ministério Público oferecer nova denúncia se houve sentença homologatória da transação penal com trânsito em julgado.* A decisão que homologa a transação penal, proposta pelo Ministério Público e aceita pelo paciente, tem natureza de sentença, e, assim, só poderá ser alterada por decisão de recurso competente. Tendo as partes desistido do recurso legal, a r. sentença fez coisa julgada. Se o paciente não pagou a multa imposta, estamos diante de execução da r. sentença, mas nunca hipótese de outra denúncia, ainda mais no mesmo processo."

mo de homologação da transação, a advertência de que a extinção da punibilidade dar-se-á com o cumprimento da obrigação aceita pelo autor da infração, visto que o descumprimento imotivado do acordado gerará a desconstituição da transação efetivada.[52].

5.9. Responsável civil e repercussão da transação

A presença do responsável civil na audiência de conciliação é um tema a que se tem dado pouca importância, embora, logo após a promulgação da Lei, tenham ocorrido diversas situações trazidas a exame da Turma Recursal do Rio Grande do Sul envolvendo a presença ou ausência do responsável civil com repercussão em conciliação ou transação homologada.

A presença do responsável civil (art. 72 da Lei 9.099) na audiência preliminar vem ao encontro da celeridade e efetividade processual, com proteção à vítima que fica afastada do transtorno de atuar no processo criminal como assistente de acusação e depois se ver obrigada a mover uma demanda cível contra o acusado em ação civil (art. 63 do Código de Processo Penal, combinado com o art. 584, inc. II, do Código de Processo Civil), não podendo executar a sentença contra o responsável solidário por falta de título executivo contra o terceiro.

Em termos de Juizado Especial, atente-se para o art. 74, segundo o qual, a composição dos danos civis reduzida a escrito e devidamente homologada pelo Juiz por

---

[52] Tal proposta é apenas uma construção para afastar o desprestígio que o descumprimento da transação penal causa no seio social, visto que não decorre do texto legal, contrapondo-se dois interesses: o do autor da inflação que é ver, desde logo, extinta a sua punibilidade com o trânsito em julgado da sentença e do Estado que não tem meios eficazes de fazer valer o acordado, eis que a execução de multa de valor irrisório é por demais onerosa e impossível a transformação de sanção não-privativa de liberdade em prisão.

sentença irrecorrível terá eficácia de título a ser executado no juízo civil.

Porém, é necessário ter-se presente que tal acordo não terá qualquer eficácia para aquele que dele não fez parte. Portanto, não pode o Juiz homologar acordo ou permitir que seja condição da transação o ressarcimento dos danos causados à vítima por parte do responsável civil.

A transação somente atinge o autor do fato, consubstanciada a proposta em termos de multa ou de prestação de medida restritiva não-privativa de liberdade e nada mais.

Quanto à composição dos danos civis, ele somente conduz à extinção da punibilidade (art. 107, inc. V, do Código Penal) na hipótese de fato ensejador de queixa ou de ação pública condicionada à representação, pois a composição reduzida a termo e homologada judicialmente importa em renúncia ao direito de queixa ou representação.

Note-se que a intervenção do responsável civil na fase pré-processual do procedimento no Juizado Especial Criminal foi uma novidade que demonstra uma tendência da moderna processualística.

Observa-se, assim, que a legislação brasileira em pontos isolados[53], assim como na Lei 9.099, aponta a tendência da intervenção em juízo da pessoa civilmente responsável pelas multas e indenizações do condenado como ocorre na legislação portuguesa nos casos de infrações antieconômicas e contra a saúde pública[54].

---

[53] Na Lei 9.434, de 4.2.97, que dispõe sobre a remoção de órgãos, tecido e partes do corpo humano para fins de transplante e tratamento, no art. 21 há disposição no sentido de que o estabelecimento de saúde, isto é, a pessoa jurídica, nos crimes previstos no art. 14, 15, 16 e 17 fica sujeito a sanções administrativas, sofrendo reflexo das sanções penais impostas às pessoas físicas.

[54] Trata-se, segundo Germano Marques da Silva, de um sujeito acessório na relação processual penal. Embora o Código de Processo Penal português não preveja a intervenção obrigatória da pessoa civilmente responsável pelo pagamento das multas e indenizações, a lei substantiva prevê a responsabili-

Tal situação gerou, no sistema português, a discussão acerca da possibilidade ou não de ser efetivada a execução contra pessoa sem intervenção no processo de conhecimento.

Aponte-se que, ao lado da situação do responsável solidário, no direito processual português, em face do princípio da adesão previsto no art. 71 do Código de Processo Penal lusitano[55], o pedido de indenização civil fundado na prática de um crime é deduzido no respectivo processo penal, podendo apenas ser feito em separado perante o tribunal civil, nos casos previstos em lei, entre eles, o do art. 72, nº 1, isto é, quando o processo penal ocorrer perante tribunal militar ou sob a forma sumária ou sumaríssima (arts. 381 e 392 do Código de Processo Penal Português).[56].

No direito italiano, por sua vez, o responsável civil pelo fato do imputado, a teor dos arts. 74 e 83 do *Codice*

---

zação de terceiros pelo pagamento de multas e indenizações aplicadas ao argüido. "O art. 2º, nº 3, do DI nº 28/84, de 20 de Janeiro (infrações antieconômicas e contra a saúde pública) dispõe: "As sociedades civis e comerciais e qualquer das outras entidades referidas no nº respondem solidariamente, nos termos da lei civil, pelo pagamento das multas, coimas, indenizações e outras prestações em que forem condenados os agentes das infrações previstas no presente diploma". *In: Curso de Processo Penal*. 2ª ed. Editorial Verbo: Lisboa, 1994, vol. I, p. 319.

[55] "art. 71º O pedido de indemnização civil fundado na prática de um crime é deduzido no processo penal respectivo, só o podendo ser em separado, perante o tribunal civil, nos casos previstos em lei."

[56] "Art. 72º -1. O pedido de indemnização civil pode ser deduzido em separado, perante o tribunal civil quando:
h) o processo penal correr perante tribunal militar ou sob a forma sumária ou sumaríssima."
"Art. 381º -1. São julgados em processo sumário os detidos em flagrante delito por crime punível com pena de prisão cujo limite máximo não seja superior a três anos..."
"Art. 392º -1. Em caso de crime punível com pena de prisão superior a seis meses ainda que com multa...o Ministério Público, quando entender que ao caso deve ser concretamente aplicada só a pena de multa, ou medida de segurança não detentiva, requer ao tribunal que a aplicação tenha lugar em processo sumaríssimo."

de Procedura Penale pode ser citado no procedimento penal.[57]

Entretanto, se não for trazido o responsável civil, ele poderá intervir voluntariamente (art. 85)[58] na audiência preliminar, motivo pelo qual podemos transportar tal situação para o sistema brasileiro do Juizado Especial Criminal. Assim, se o responsável civil não for trazido à audiência preliminar, conforme preceitua o art. 71 da Lei 9.099, nada impede que compareça espontaneamente.

Portanto, o responsável civil por infração praticada pela autor do fato deverá ser provocado, através da intimação, para comparecimento em juízo, com participação no procedimento pré-processual. Todavia, se não houver impulso oficial, o responsável civil poderá comparecer voluntariamente, inclusive para afastar a própria responsabilidade.[59]

---

[57] "Art. 74. 1. L'azione civile per le restituzioni e per il risarcimento del danno [647; c.p. 185-187] di cui all'articolo 185 del codice penale può essere esercitata nel processo penale dal soggetto al quale il reato ha recato danno ovvero daí suoi successori universali, nei confronti dell'imputato [60] e del responsabile civile (2).
Art. 83 1. Il responsabile civile per il fatto dell'imputato [c.p. 185, 2] può essere citato nel processo penale a richiesta della parte civile..."

[58] "Art. 85.1. Quando vi è costituzione di parte civile o quando il pubblico ministero esercita l'azione civile a norma dell'articolo 77 comma 4, il resonsabile civile può intervenire volontariamente nel processo, anche a mezzo di procuratore speciale [122], per l'udienza preliminare..."

[59] Nesse sentido é o direito processual penal italiano, onde há possibilidade de exclusão do responsável civil no bojo do processo penal (art. 88.1). Por isso Gian Domenico Pisapia destaca a importância da eficácia da intervenção: "Il responsabile civile può anche intervenire volontariamente nel processo penale: e ciò sai allo scopo di affiancore la difesa dell'imputato; sai per evitare possibili collusioni, in suo danno, dell'imputato e della parte civile; sai, infine, al solo scopo di escludere la propria responsabilità civile, come consequenza dell'eventuale responsabilità penale dell'imputato". *In: Compendio di Procedura Penale.* 4ª ed. Padova: CEDAM, 1985, P. 103.
No mesmo sentido se manifesta Giovanni Leone: "Il diritto d'intervento volontario del responsabile civile e fondato sull'interesse di questo soggetto, contro cui protebbe essere proposta domanda di restituzione o risarcimento in sede civile (art. 27), alla esclusione della responsabilità penale dell'imputato." *In: Manuale di Diritto Processuale Penale,* XI ed. Napoli: Jovene, 1982, p. 253.

É certo que eventual declaração judicial para excluir o dever de indenização do responsável não terá efeito se não houver homologação judicial, com a presença do autor do fato, acompanhado de defensor, a vítima e o Ministério Público. Importante, porém, é que vejamos na disposição do art. 71 da Lei 9.099 não apenas a tendência legislativa de proteção à pessoa da vítima, mas como indício de uma transformação em termos de processualística, com a aproximação da unidade jurisdicional, civil e penal.

5.10. Recursos: competência das Turmas Recursais e ações constitucionais

Os recursos têm seus fundamentos na necessidade psicológica que leva o homem a não se conformar perante uma única decisão e a precariedade dos conhecimentos dos seres humanos capazes de causar erro de julgamento o motivo pelo qual confiar a uma única pessoa o julgamento poderia levar ao arbítrio.[60] A isso se aliam razões do próprio Direito que tem admitido, no curso dos tempos, o reexame das decisões proferidas no processo.

A própria Constituição Federal, no seu art. 5º, inc. LV, assegura aos litigantes e acusados em geral o contraditório e ampla defesa com os meios e recursos a ela inerentes.

O art. 98, inc. I, da Constituição Federal, ao estabelecer a criação de Juizados Especiais para a conciliação, julgamento e execução de infrações penais de menor potencial ofensivo, fixou a possibilidade de julgamento dos recursos por turmas de juízes de primeiro grau.

---

[60] V. MIRABETE, Julio Fabbrini. *Processo Penal*. São Paulo: Atlas, 1991, p. 577. Por isso, segundo Mirabete, os recursos têm sido admitidos na história do Direito em todas as épocas. O sentido é possibilitar o reexame das decisões proferidas no processo.

A Lei 9.099, por sua vez, apenas apontou, no art. 82, a possibilidade de recurso de apelação contra decisão que rejeite a denúncia ou queixa, podendo a mesma ser julgada por turma composta de três juízes em exercício no primeiro grau, reunidos na sede do Juizado, atendeu disposição constitucional.

A Lei Estadual 10.675, de 2 de janeiro de 1996, no art. 4º, criou Turmas Recursais, ficando no âmbito das atribuições do Conselho da Magistratura o estabelecimento da composição e fixação da competência territorial das respectivas turmas cíveis e criminais. Foram, em decorrência, publicadas duas Resoluções regulando a matéria: a de nº 163/95 e a de nº 165/95 CM.

É importante destacar que se aguarda instrução normativa sobre procedimentos nas Turmas, especialmente, nas Criminais. Na falta de regulamentação específica de seu funcionamento, a Turma Recursal Criminal do Rio Grande do Sul tem observado o Regimento Interno das Câmaras Recursais dos Juizados de Pequenas Causas (Resolução nº 1/88-P).[61]

5.10.1. Apelação

Os recursos expressamente previstos na Lei dos Juizados Especiais no que se refere à esfera criminal são: apelação e embargos de declaração.

Nos termos do art. § 5º do art. 76 e art. 82 da Lei 9.099, caberá apelação da decisão homologatória ou denegatória da transação, da rejeição da denúncia ou queixa e da sentença de mérito.

Note-se que dentre as normas orientadoras dos Juizados Especiais está o da simplicidade, portanto, não há previsão de não-recebimento da denúncia ou queixa

---

[61] A Resolução 1/88 foi publicada no D.J.E. de 16.03.88, p.2. A Lei 10.867, de 04.12.96, criou Turmas Recursais e respectivos cargos no Poder Judiciário, extinguindo o Conselho de Supervisão dos Juizados Especiais. As atribuições do Conselho passaram a ser exercidas pela Corregedoria-Geral da Justiça.

por falta de observação ao art. 41 do Código de Processo Penal. Entendo, todavia, que mesmo havendo possibilidade de oferecimento de denúncia ou queixa oral, ela poderá ser rejeitada por inépcia se não apresentar a exposição do fato criminoso, com suas circunstâncias e classificação do crime, o que é possível tendo em vista o disposto no art. 92 da Lei 9.099.

Da mesma forma, não pode ser recebida a denúncia se o Ministério Público não tiver se manifestado previamente sobre a viabilidade. da transação penal, no caso de crime de ação pública.

De qualquer forma, o recurso cabível contra não-recebimento ou rejeição da denúncia ou queixa será a apelação.

Com relação à forma do recurso de apelação na Lei 9.099, acentua-se que o prazo para a sua interposição é superior ao previsto no Código de Processo Penal, sendo estabelecido o prazo de 10 dias (§ 1º do art. 82 da Lei 9.099), e não 5 dias (art. 593 do Código de Processo Penal).

É considerada irrecorrível a decisão que recebe a denúncia ou queixa por falta de interesse processual. Todavia, como bem destaca Mirabete, se o acusado entender que o ato é ilegal, por não conter a denúncia fato criminoso ou abusivo ou faltar justa causa para a ação penal, é possível impetrar *habeas corpus*[62], o que não será, todavia, compatível com o critério da celeridade que norteia os atos no Juizado Especial.

Com a sistemática da Lei 9.099, adequado será trazer as questões capazes de ensejar a rejeição ou o não-recebimento da denúncia ou queixa como preliminar na resposta à acusação que deverá ocorrer na audiência do sumaríssimo. Dessa forma, a defesa provocará o exame judicial desses aspectos ao analisar a admissibilidade da ação penal.

---

[62] *In: Código de Processo Penal Interpretado*. São Paulo: Atlas, 1994, p. 657.

Não há recurso legal previsto para ser interposto contra a decisão que não homologa a transação. Trata-se de uma decisão interlocutória irrecorrível, embora possa ser admitido o uso da mandado de segurança criminal (art. 5º, inc. LXIX da Constituição Federal, observado o disposto na Lei nº 1.533/51 e Lei nº 4348/64) se ficar comprovado que estão presentes os pressupostos para a concessão da medida.

Excepcionalmente, encontramos na Lei 9.099 uma hipótese expressa de vedação de recurso que está no art. 74, *caput* que se refere à sentença homologatória da composição dos danos civis. Tal sentença é irrecorrível. Porém, tendo eficácia de título a ser executado no juízo cível competente, isso explica o motivo pelo qual é irrecorrível na esfera penal. Há uma composição de danos com efeitos civis. Em se tratando de título executivo (art. 584, inc. III, do CPC), ficará sujeito a ser impugnado via embargos (art. 741, do CPC) ou desconstituído via ação anulatória (art. 486 do CPC).

Recebido o recurso, oferecidas as contra-razões, os autos são encaminhados à Turma Recursal Criminal composta por três Magistrados de Primeiro Grau, sendo conferida prioritariamente a presidência ao mais antigo na carreira. Não há previsão de Juiz-Revisor, embora, na prática, o juiz mais moderno na carreira em relação ao Juiz-Relator seja o primeiro a manifestar-se sobre o voto proferido, funcionando o terceiro integrante da Turma como Juiz-Vogal.

No Rio Grande do Sul, junto à Turma Recursal Criminal atua um Promotor de Justiça e um Defensor Público por indicação da Procuradoria-Geral da Justiça e da Defensoria Pública do Estado, respectivamente.

Da decisão da Turma não há recurso previsto, exceto embargos de declaração que pode ser oposto do acórdão. Mesmo assim, é possível admitir-se o recurso extraordinário, desde que presentes os pressupostos para a sua interposição, a ser exercido no prazo de 15 dias em face do disposto no art. 26 da Lei 8.038, de 28 de maio de 1990, que instituiu normas procedimentais para os processos perante o Superior Tribunal de Justiça e o Supremo Tribunal Federal.

Não é possível, todavia, interposição perante o Superior Tribunal de Justiça por força da Súmula 203: *"Não cabe recurso especial contra decisão proferida, nos limites de sua competência, por órgão de segundo grau dos Juizados Especiais."*

5.10.2. Embargos de declaração

Além da apelação, é previsto, na Lei 9.099, o recurso de embargos de declaração (art. 83), oponível contra sentença ou acórdão, por escrito ou oralmente, no prazo de cinco dias contados da ciência da decisão (§ 1º do art. 82).

São pressupostos do cabimento dos embargos a existência de obscuridade, contradição, omissão ou dúvida, não cabendo, pois, para mudança da decisão ou reexame da prova produzida.

Quando opostos contra sentença, os embargos de declaração terão efeito suspensivo em relação ao decurso do prazo para regular recurso (art. 83, § 2º), diferentemente do que ocorre no processo civil, onde é conferido o efeito de interromper o prazo recursal (art. 538, *caput*, do Código de Processo Civil, de acordo com a redação determinada pela Lei 8.950, de 13.12.94).

Os erros materiais tanto da sentença como do acórdão podem ser corrigidos de ofício (§ 3º do art. 82).

Os embargos não podem ter como objetivo o reexame do mérito, embora, muitas vezes, se conhecidos e providos, possam ter efeitos infringentes não desejados.

5.10.3. Recurso especial e extraordinário

Embora o Supremo Tribunal Federal não tenha recebido o nome de Tribunal Constitucional, como ocorre em Portugal, o legislador reservou para o STF o recurso extraordinário com o exame apenas de questões constitucionais (art. 102, inc. III, letras *a*, *b* e *c*, da CF), pouco importando qual o tribunal que proferiu a decisão. O pressuposto é que tenha sido recurso contra decisão única ou de última instância.

Das decisões dos Juizados Especiais é incabível o recurso especial por decorrência da própria sistemática da Lei 9.099 e previsão expressa da Súmula 203 do STJ. Admissível, assim, apenas o recurso extraordinário ao STF, se presentes os pressupostos constitucionais.[63]

5.10.4. Recurso em sentido estrito

Não há previsão, nos termos da Lei 9.099, do recurso em sentido estrito, mesmo contra decisão interlocutória não terminativa do processo.

Enclino-me, entretanto, no sentido de admitir o recurso em sentido estrito, em que pese a ausência de previsão expressa na Lei especial.

Embora não haja previsão sobre o recurso cabível contra decisões interlocutórias que ocorram nos processos da competência dos Juizados Especiais, em face do art. 92 da Lei 9.099, admite-se a aplicação subsidiária das disposições do Código de Processo Penal.

Portanto, exceto na hipótese do art. 581, inc. I, visto que do não-recebimento da denúncia ou queixa a Lei 9.099 estabelece o recurso de apelação (art. 82, *caput*), no caso de incompetência do juízo (581, inc. II); procedência de exceções, salvo de suspeição (581, inc. III); indeferimento de pedido de reconhecimento da prescrição ou de outra causa extintiva da punibilidade (581, inc. IX); anulação de processo no todo ou em parte (art. 581, inc. XIII) e outros, seria possível, sem óbice legal, o uso do recurso em sentido estrito previsto na lei processual penal.

---

[63] Nesse sentido, STJ, Recl. 470, Plen., 10.02.94, rel. Sepúlveda Pertence. Apud. GRINOVER *et al. Op. cit.*, p. 159.

A jurisprudência se apresenta vacilante. Em sentido favorável, destaco acórdão da 4ª Câmara do Tribunal de Alçada Criminal, publicado no Boletim IBCCrim nº 57, p. 202, agosto de 1997:

"LEI Nº 9.099/95: É POSSÍVEL A INTERPOSIÇÃO DE RECURSO EM SENTIDO ESTRITO. "Muito embora a Lei nº 9.099, de 26 de setembro de 1995, não preveja a interposição do recurso em sentido estrito contra decisões proferidas nos procedimentos que regula, referindo-se apenas ao recurso de apelação e aos embargos declaratórios, deve-se do presente conhecer (...) Com efeito, o art. 92 da mesma lei determina a aplicação subsidiária das disposições dos Códigos Penal e de Processo Penal em não havendo incompatibilidade com esses diplomas normativos.

Por seu turno, o artigo 581, inciso VIII, do Código de Processo Penal, prevê a interposição do recurso em sentido estrito contra a sentença que decretar, por qualquer modo, extinta a punibilidade. É a hipótese dos autos. Dessarte, havendo sido regularmente processado, e não vislumbrando qualquer incompatibilidade com os preceitos estabelecidos na Lei nº 9.099/95, conhece-se do presente recurso asseverando-se que, em nível doutrinário, igualmente se inicia o reconhecimento de sua admissibilidade, assim defendida por Julio Fabbrini Mirabete em seu recentíssimo Juizados Especiais Criminais - Comentários, Jurisprudência, Legislação. Editora Atlas, 1997, p. 123" (R.S.E. nº 1.036.133/9, São Paulo, Juiz Canellas de Godoy, j. 14.01.97, v.u.).

Visando à uniformização de posicionamentos, o II Encontro de Coordenadores de Juizados Especiais de Cuiabá estabeleceu na XV Conclusão Criminal: *"Não cabe recurso em sentido estrito no Juizado Especial Criminal."*

Observe-se que as Conclusões exaradas em encontros ou congressos não têm força vinculativa, embora demonstrem uma orientação generalizada em determinada direção. Não vejo, pois, impossibilidade intransponível de reconhecer a possibilidade do recurso em sentido estrito contra decisões interlocutórias, embora o seu procedimento seja incompatível com a celeridade preconizada pela Lei 9.099.

No que se refere às decisões terminativas, considerando que o art. 82 da Lei 9.099 refere à sentença, entendo ser possível a aplicação genérica da apelação contra todas as decisões definitivas ou terminativas proferidas nos Juizados Especiais.

5.11. *Habeas corpus* e mandado de segurança

Habeas corpus e mandado de segurança são medidas constitucionais que estão na competência das Turmas Recursais em processos da sua competência.

Para evitar a bipartição da competência, com decisões eventualmente contraditórias com base em *habeas corpus* e recurso sobre a mesma causa, o Tribunal de Alçada' do Rio Grande do Sul tem se manifestado em feitos de sua competência recursal, excluindo os procedimentos regulados pela Lei 9.099.[64]

Tem-se, portanto, admitido a superioridade hierárquica da Turma Recursal para apreciar pedido de *habeas corpus* e mandado de segurança, estando o órgão recursal do JEC com "amplo poder revisional, devendo, portanto, à Turma Recursal serem submetidas todas as formas de exteriorização de irresignações contra situações criadas na primeira instância do JEC.[65]

---

[64] *Habeas corpus* nº 296038862, 2ª Câmara Criminal do TARGS, 1996. A Turma Recursal Criminal tem se orientado no mesmo sentido e tem admitido ser competente para o julgamento de HC em processos de competência do Juizado Especial (v.g. HC 01396853853. Relatora Dra. Elba Aparecida Bastos; HC 0139706401, Relator Dr. Fernando B. Henning Jr.). V. também GIACOMOLLI, Nereu José. *Juizados Especiais Criminais*, Porto Alegre: Livraria do Advogado, 1997, p. 130.

[65] MERG, Luiz Lúcio. *Competência da Turma Recursal Criminal*. Revista dos Juizados Especiais, nº 19, Porto Alegre, p. 15.

Contra coação imputada à Turma, a competência para exame de *habeas corpus* será do Supremo Tribunal Federal, e não do Tribunal de Justiça do Estado.[66]

5.12. Revisão criminal

Como não há, na área criminal, a vedação à rescisória como ocorre no art. 59 da Lei 9.099 no que se refere à demanda civil, é possível admitir a revisão criminal, embora possa ser discutível a competência das Turmas Recursais Criminais para examiná-la.

Aponte-se ainda que a opinião doutrinária mais aceita é de que a revisão criminal não é um recurso, mas deve ser considerada como ação penal que instaura uma relação jurídico-processual contra sentença transitada em julgado.[67]

Portanto, o legislador incluiu como recurso apenas com o fim de proteger o *status libertatis do acusado, mas a natureza jurídica da revisão é a mesma da rescisória cível.*

Conseqüentemente, a revisão criminal não seria da competência da Turma Recursal por falta de previsão expressa na Lei

---

[66] *I. STF, Competência originária:* habeas corpus *contra coação imputada a turma de recursos de Juizados Especiais (CF, art. 98, I).* 1. Na determinação da competência dos Tribunais para conhecer de *habeas corpus* contra coação imputada a órgãos do Poder Judiciário, quando silente a Constituição, o critério decisivo não é o da superposição administrativa ou o da competência penal originária para julgar o magistrado coator ou integrante do Colegiado respectivo mas, sim, o da hierarquia jurisdicional... 2) Os tribunais estaduais não exercem jurisdição sobre as decisões das Turmas de Recurso dos Juizados Especiais, as quais se sujeitam imediata e exclusivamente à do Supremo Tribunal, dada a competência deste, e só dele, para revê-la, mediante recurso extraordinário (cfe. Recl. nº 470, Pleno, 10.02.94, Pertence): donde só poder tocar ao Supremo Tribunal Federal a competência originária para conhecer de *habeas corpus* contra coação a elas atribuída. 3. Votos vencidos no sentido da competência do Tribunal de Justiça do Estado. *In: Juizado de Pequenas Causas - doutrina - jurisprudência,* Porto Alegre, nº 13, p. 43, 1995.

[67] MIRABETE, Julio Fabbrini. *Processo Penal,* p. 643.

9.099, pelos termos do art. 624, inc. II, do Código de Processo Penal e pela natureza jurídica da medida.

Mas, observada a tendência de inserir no âmbito das Turmas Recursais Criminais os recursos e ações envolvendo processos da competência dos Juizados Criminais, é ponderável que permaneça a orientação mesmo em nível de revisão.

5.13. Considerações finais

A Lei 9.099, sem dúvida, trouxe um arejamento no tratamento dos delitos de menor potencial ofensivo oferecendo oportunidade de aplicação de uma justiça criminal mais próxima da realidade e adequada à intensidade de infrações que vêm sendo praticadas.

Muitas questões ainda permanecem polêmicas. Apenas a jurisprudência e a constante reflexão acerca dos temas poderão nos conduzir a um posicionamento mais adequado na aplicação da Lei 9.099 e na integração de suas lacunas.

Temos como critérios norteadores os elencados no art. 61, aplicando, subsidiariamente, naquilo que não for incompatível com a Lei 9.099, as disposições gerais do Código Penal e do Código de Processo Penal com a supremacia, em caso de dúvida, das normas constitucionais.

Costumamos enfatizar que a mera reformulação de procedimento não é suficiente para diminuir a litigiosidade social, entretanto, é um dos caminhos em busca de soluções alternativas no âmbito criminal. Estamos em busca de uma justiça menos formal e mais próxima da sociedade a qual ela serve.

A Lei 9.099 oferece condições para que haja uma resposta mais imediata à infração cometida com incentivo à não-reincidência, à atuação da vítima e do responsável civil na esfera criminal, com instrumentos mínimos indispensáveis ao exercício célere da prestação jurisdicional em todos os graus.

Em avanços e retrocessos, os operadores vêm buscando, na estrutura da Lei dos Juizados Especiais, uma crescente efetividade das normas e amplitude de aplicação da Lei 9.099. Uma breve análise desse caminho é o que nos propusemos realizar.

Enquanto fonte de Direito, a jurisprudência vem cumprindo o seu papel de sedimentar as posições conflitantes, e os encontros de especialistas apresentam, em suas conclusões, o resultado das soluções encontradas para superar as dificuldades e dúvidas enfrentadas pelos operadores.

Cumpre à doutrina e à jurisprudência apontarem caminhos na aplicação da Lei 9.099, restringindo os excessos e distorções, flexibilizando-a com vistas à sua efetividade.

Qual prisioneiras de obra inacabada, as normas do Juizado Especial livraram-se dos grilhões do legislador e estão tomando um rumo próprio de acordo com as necessidades e anseios da sociedade. Entretanto, a estabilidade social impõe que o sistema seja preservado para que a Justiça Criminal, e não o arbítrio, possa se realizar.

6.
Crimes Contra a Honra e a
Lei 9.099

Genacéia da Silva Alberton
Desembargadora do TJRS

O tema a que nos propomos analisar não é pacífico e, por isso, é importante que o enfrentemos: a competência dos crimes contra a honra e os Juizados Especiais Criminais. A questão da inclusão ou não dos crimes contra a honra como infração de menor potencial ofensivo para o efeito de serem processados perante os Juizados Especiais Criminais e, em grau de recurso, examinados pela Turma Recursal Criminal, é questão polêmica. Devemos, pois, refletir sobre o assunto para a tranqüilidade da comunidade jurídica e o melhor atendimento dos anseios dos jurisdicionados que precisam obter dos órgãos decisores um posicionamento .

Como bem apontou Paulo Lúcio Nogueira na introdução de sua obra *Questões Penais Controvertidas:*

"A Justiça deve dar segurança aos jurisdicionados e não acenar com a incerteza, o que faz gerar a intranqüilidade e o desassossego no seio da sociedade."[1]

Para aqueles que há muito tempo estão afeitos às lides forenses não causa estranheza o fenômeno que

---

[1] *Op. cit.* p. 12.

ocorre a cada reforma legislativa. Existe uma necessidade de adaptação à nova sistemática e a conseqüente tendência a ampliar as hipóteses legais no caso em que o novo sistema parece ser melhor do que o anterior ou restringi-lo em caso contrário.

Aí o papel importante que toma a jurisprudência enquanto fonte de direito. Não podemos olvidar, todavia, que esse nível de destaque dado à jurisprudência também tem gerado discussões. Isso porque existem aqueles que defendem a tese de que juízes e tribunais devem tão-somente aplicar a lei, devendo julgar com base nas fontes formais do direito: lei, usos, costumes e negócios jurídicos.

Em contraposição, existem outros que entendem que juízes e tribunais em suas decisões dão expressão à norma jurídica, extraindo da mesma o que não foi declarado por outra fonte.[2]

Não se pode esquecer que a lei é uma forma imperativa de comunicação humana que visa a regular a conduta de um grupo social. No que se refere ao processo, ela nada mais é do que uma norma instrumental a ser aplicada na solução de conflitos, quer na esfera civil, quer na penal.

Não há necessidade de interpretar o que está claramente expresso, pois a interpretação é o recurso de que nos valemos para apreender e compreender sentidos implícitos.

Contudo, embora na Lei 9.099 pareça não haver lugar para interpretações no que se refere à vedação de inclusão de crimes sob rito especial ao procedimento do Juizado Especial Criminal face aos termos expressos do art. 61, a realidade está nos demonstrando que tal disposição tem dado motivo a questionamentos e posicionamentos diferenciados.

---

[2] GRINOVER, Ada Pellegrini, CINTRA, Antônio Carlos de e DINAMARCO, Cândido R. *Teoria Geral do Processo*. 4ª ed. São Paulo: RT, 1984, p. 36.

Há de se convir que é um desafio aceitar a provocação de uma nova leitura da lei, assim como o é recusar-se a alterá-la e procurar encontrar elementos que justifiquem a sua aplicação nos termos em que está expressa.

Ora, a competência do Juizado Especial Criminal se estabelece pela natureza da infração, isto é, de menor potencial ofensivo, não havendo circunstância que a desloque para o Juízo comum.

Como infração de menor potencial ofensivo, para os efeitos da Lei 9.099, são considerados os delitos a que se comine pena máxima não superior a um ano, excetuados os casos em que a lei preveja procedimento especial.

Atente-se que mesmo se tratando de uma infração de menor potencial ofensivo, a competência será deslocada se o acusado não for encontrado para ser citado ou se, pela complexidade da causa ou circunstâncias do caso, se impuser que o processo tenha prosseguimento no Juízo comum. Temos, aí, a incidência do parágrafo único do art. 66 e § 2º do art. 77 da Lei 9.099.

Não há qualquer dúvida que a exceção quanto ao procedimento especial não se confunde com lei especial. Assim, quando a lei especial estabelecer procedimento comum do Código de Processo Penal, como ocorre no Código de Consumidor, haverá aplicação da Lei 9.099.

É possível, assim, afirmar também que no conceito de infração de menor potencial ofensivo estão presentes dois componentes: um positivo e outro negativo, isto é, duração de pena até um ano quando se tratar de crime e não inclusão em procedimento especial.

Nesse ponto a Lei 9.099 merece elogios, pois afasta do conceito de infrações de menor potencial ofensivo e, como decorrência, a aplicação da sistemática do Juizado Especial Criminal, as contravenções e crimes com procedimento especial. Excetua-se, por previsão expressa do art. 89 da Lei 9.099, o instituto da suspensão condicional do processo que pode ser aplicado a qualquer infração abrangida ou não pela Lei dos Juizados Especiais desde que a pena mínima cominada seja de até um ano.

Aliás, o Grupo de Estudos de Processo Penal da Escola Superior da Magistratura (Grupo de Estudos Alaor Terra), debatendo o tema, sumulou a matéria nos seguintes termos:

"A parte final do art. 61: 'excetuados os casos em que a lei preveja procedimento especial' se aplica tanto aos crimes quanto às contravenções penais, não podendo ser considerados infrações de menor potencial ofensivo aqueles casos em que a lei quis dar um tratamento diferenciado." (Aprovada por unanimidade)

A questão, pois, não é a mera resistência a mudanças. Note-se, também, que tal posicionamento não se fez como decorrência de mero comodismo intelectual, mas foi resultado de convencimento advindo de debates e reflexão acerca do assunto.

Embora os processualistas concordem que é difícil a sistematização dos motivos determinantes da adoção de procedimento especial, é certo que o legislador, ao estabelecer procedimento especial para determinadas infrações, não o fez de forma aleatória. Diferentes motivos, desde os de ordem histórica, passando por critérios de conveniência ou ineficiência de tratamento da matéria relevante, levam o legislador a essa postura. O mesmo aconteceu no art. 61 da Lei 9.099 ao excepcionar do conceito de infração de menor potencial ofensivo as infrações em relação às quais seja previsto procedimento especial.

Aproveitando as lições advindas do Processo Civil, na esteira de uma Teoria Geral do Processo, verifica-se que o procedimento geralmente denominado comum ou ordinário tem caráter genérico, funcionando como *standard* para se construir a partir dele os outros, prevalecendo na omissão dos procedimentos especiais, com aplicação subsidiária naquilo que eventualmente não tiver sido regulado.

Ao lado desse procedimento comum ou ordinário se constrói o sumário, com maior ou menor grau de sumariedade, visando a atender situações de cognição sumária ou, no âmbito penal, infrações de menor complexidade.

Como especiais, são incluídos os procedimentos instituídos de modo específico para determinadas causas ou determinadas infrações que exigem um tratamento diferenciado.

Nota-se, todavia, que diferentemente do que ocorre no processo civil, no processo penal a especialidade não é expediente de fuga aos inconvenientes do ordinário, mas, sim, na maioria, esta foi adotada pela grave repercussão social da infração, pelas pessoas envolvidas ou pela necessidade de determinadas providências incompatíveis com o rito comum ou sumário.

Vemos, por exemplo, que, mesmo apenados com detenção, por diferentes razões, o legislador estabeleceu procedimento especial para os crimes de abuso de autoridade, crimes de responsabilidade cometidos por funcionários públicos, crimes falimentares e, entre outros, os crimes contra a honra.

É necessário convir, portanto, em termos de técnica processual, que as infrações a que o legislador impôs procedimento especial têm caráter diferenciado na forma de cognição e se contrapõem à sistemática do processamento das infrações de menor potencial ofensivo.

Nos Juizados Especiais Criminais, o procedimento é norteado pelos critérios da celeridade, da economia processual, da informalidade, sendo possível até mesmo o exercício por parte do Ministério Público da discricionariedade regulada, com a aplicação de pena não-privativa de liberdade sem demanda, como ocorre na transação efetivada em audiência preliminar (art. 76 da Lei 9.099).

Com relação aos crimes contra a honra, isto é, calúnia, difamação e injúria, o Código de Processo Penal, no Capítulo III, Título II, do Livro II faz referência apenas aos crimes de calúnia e injúria. Entretanto, não há dúvida que o procedimento ali traçado é aplicável à difamação. A aparente omissão legislativa é explicada por Tourinho Filho ao lembrar que não havia entre nós a "difamação" com esse *nomen juris*. Por isso o Código de 1890, no art. 317, letra *b*, a tratava como modalidade de injúria. Tal circunstância levou o legislador a omitir a difamação ao tratar do procedimento especial em relação aos crimes contra a honra.[3]

Para melhor tutelar o direito à honra, o legislador deu rito diferente aos crimes de calúnia, difamação e injúria, embora sejam apenados com detenção.

Mesmo assim, dos três crimes contra a honra (calúnia, difamação e injúria), apenas a difamação e a injúria têm pena máxima até um ano. Portanto, mesmo que entendêssemos serem os crimes contra honra da competência do Juizado Especial Criminal, pela pena aplicada, teríamos que afastar, desde logo, a calúnia.

Acrescente-se que, em relação à injúria e à difamação, somente esta admite a exceção da verdade.

Do ponto de vista formal, é necessário atentar-se para o fato de que a especialidade no tratamento dos delitos contra a honra não está apenas no fato de haver uma audiência de conciliação antes do recebimento da queixa, mas, de ser possível também a exceção da verdade e o pedido de explicações.

A própria conciliação estabelecida no art. 520 do Código de Processo Penal teria um caráter diferenciado da conciliação prevista na Lei 9.099, o que se aponta apenas para argumentar, eis que, visando à garantia da assistência técnica aos litigantes privados, nos processos instaurados por crimes contra a honra os juízes realizam as audiências de conciliação com a presença de advogado, aceitando até mesmo a sua intervenção.

---

[3] *In. Processo penal.* v. 4 p. 158.

Ora, é certo que não se pode negar aos litigantes de crimes contra a honra as prerrogativas processuais garantidas a eles no procedimento especial.

Além disso, embora haja uma audiência de conciliação, sendo a mesma inexitosa, é incompatível a aplicação da transação penal com a natureza dos crimes contra a honra ou qualquer ação penal privada. Isso porque a transação está no âmbito da discricionariedade regulada, eis que o órgão do Ministério Público, enquanto órgão do Estado, não pode usar o critério da oportunidade para o exercício da ação penal. Diferentemente, a parte privada tem disponibilidade quanto ao exercício da ação penal. Por isso, incompatível a transação com a ação penal privada.[4] Há de se convir que a mera inércia no prosseguimento da ação penal privada gera como conseqüência a perempção, com a extinção da punibilidade do querelado.

Assim sendo, a especialidade do procedimento afasta os crimes contra honra do âmbito do Juizado Especial, sendo aplicável, dos institutos despenalizadores da Lei 9.099, apenas o da suspensão condicional do processo.[5]

Ao afastar os crimes contra a honra do conceito de infração de menor potencial ofensivo, afasta-se, conseqüentemente, a competência da Turma Recursal a respeito da matéria, sendo competente o Tribunal de Alçada.

Nesse sentido, tem se manifestado a Turma Recursal Criminal do Rio Grande do Sul, v. g.:[6]

---

[4] Há de se observar que Ada Pellegrini Grinover e outros na obra *Juizados Especiais Criminais: comentários à Lei 9.099, de 26.09.1995* admitem a transação na ação penal privada, afirmando que "a introdução da transação penal em nosso ordenamento obriga a repensar diversos assuntos..."(*Op. cit.*, p. 122.)

[5] Nesse sentido v. GOMES, Luiz Flávio. "A suspensão condicional do processo na ação penal privada". IBCCrim. Edição Especial nº 45.

[6] As ementas referem-se a processos em que atuei como Relatora, motivo pelo qual as idéias apresentadas no presente trabalho representam àquelas já defendidas perante a Turma Recursal Criminal no ano de 1996. Entretanto,

"PEDIDO DE EXPLICAÇÕES. O pedido de explicações é medida preliminar relativa a crimes contra a honra que, nos termos do art. 61 da Lei 9.099 não são da competência do Juizado Especial Criminal. Portanto, competente para examinar o recurso relativo a pedido de explicações é o Tribunal de Alçada e não a Turma Recursal (Apelação n° 50065. 31.07.96. Decisão por maioria).
"CRIMES CONTRA A HONRA. Os crimes contra honra têm procedimento especial e não estão no âmbito da competência da Turma Recursal Criminal. (Apelação n° 50297. 19.08.96 -Unânime)
"CRIME CONTRA A HONRA. Os crimes contra a honra não são infrações de menor potencial ofensivo nos termos do art. 61 da Lei 9.099. Competente é o Tribunal de Alçada para o exame da matéria referente a essas infrações e não a Turma Recursal Criminal." (HC 51527.14.10.96 - Unânime).

A isso se acrescente, à guisa de raciocínio, que, se os delitos contra honra que seguem o procedimento dos artigos 519 a 523 do Código de Processo Penal estão fora da competência do Juizado Especial e, conseqüentemente, em grau de recurso, do âmbito da competência da Turma Recursal, com muito mais razão também o estão os crimes contra honra praticados através de publicações e, por isso, alcançados pela Lei de Imprensa.

Como legislação especial que é, a Lei 5.250 tem características próprias, com medidas tipicamente cautelares satisfativas a serem examinadas na esfera crimi-

---

posições posteriores seguiram o mesmo entendimento: v.g. Conflito Negativo de Competência, n° 296022965, 1ª Câmara Criminal do Tribunal de Alçada; Conflito Negativo de Competência n° 296023179 e n°296023666, 4ª Câmara Criminal do Tribunal de Alçada do Estado do Rio Grande do Sul. Aliás, a questão foi abordada entre as Conclusões Criminais do Encontro de Coordenadores dos Juizados Especiais, realizado em Cuiabá, MT, de 04 a 05 de setembro de 1997: "1 - *Além dos crimes contra honra* (grifei), são excluídos da competência do Juizado Especial Criminal todos os crimes para os quais a lei preveja procedimento especial".

nal, como é o caso do direito de resposta pela sua essência de legítima defesa.[7]

Conseqüentemente, sendo uma legislação especial com peculiaridades procedimentais específicas, refoge à competência dos Juizados Especiais nos estritos termos do art. 61 da Lei 9.099[8], não sendo os recursos da competência da Turma Recursal.[9]

Eis os aspectos que me parecem relevantes na colocação do tema, o que não afasta a possibilidade de que, sob ótica diversa, possamos encontrar argumentos contrários que poderão contribuir à análise da questão. Todavia, é importante ter presente que à aparente adaptabilidade dos delitos contra a honra ao procedimento da Lei 9.099 face à existência de fase preliminar de conciliação se acrescentam outras características que lhe são especialmente peculiares e que não se coadunam ao procedimento célere e informal da Lei dos Juizados Especiais.

---

[7] Nesse sentido se posiciona Freitas Nobre. Segundo o doutrinador: "O jornalista que publica ou transmite um texto calunioso, injurioso ou difamatório, ou uma notícia falsa ou deformada, é, sem dúvida, um provocador no sentido penal, salvo se a divulga de boa fé. Entretanto, mesmo nesta hipótese, o Direito de Resposta equivale a um exercício de legítima defesa..." (*In: Comentários à Lei de Imprensa.* 2ª ed. São Paulo: Saraiva, p. 134).

[8] O mesmo não ocorre no caso do Código do Consumidor, porque, mesmo sendo lei extravagante, não tem procedimento processual próprio, utilizando as normas gerais do Código de Processo Penal.

[9] A Turma Recursal, à unanimidade, no Proc. nº 01396850040, se declarou incompetente para examinar matéria referente a crime contra a honra alcançada pela Lei 5.250, determinando o retorno dos autos ao Tribunal de Alçada.

7.
Considerações processuais sobre o Código de Trânsito Brasileiro

Nereu José Giacomolli
Juiz de Direito

SUMÁRIO: 7.1. Introdução; 7.2. Da Constituição Federal; 7.3. Da Lei 9.099/95; 7.4. Novo Código de Trânsito Brasileiro; 7.4.1. Aspectos gerais; 7.4.2. Do artigo 291; 7.4.3. Da representação; 7.5. Conclusões.

7.1. Introdução

Com a entrada em vigor do novo Código de Trânsito Brasileiro, algumas controvérsias de ordem material e processual têm surgido em sua aplicação. Este trabalho pretende tecer algumas considerações acerca dos aspectos processuais, mormente em face da aplicação da Lei 9.099/95, ou seja, da Justiça Consensual.

7.2. Da Constituição Federal

A Constituição Federal, em seu artigo 98, I, reza:

"A União, no Distrito Federal e nos Territórios, e os Estados criarão: I - juizados especiais, providos por

141

juízes togados, ou togados e leigos, competentes para a conciliação, o julgamento e a execução de causas cíveis de menor complexidade e infrações penais de menor potencial ofensivo, mediante os procedimentos oral e sumariíssimo, permitidos, nas hipóteses previstas em lei, a transação e o julgamento de recursos por turmas de juízes de primeiro grau."

Assim, o legislador constituinte não definiu o que seja infração penal de menor potencial ofensivo.

Porém, estabeleceu regra a respeito de competência. Os juizados especiais criminais são competentes à conciliação, ao julgamento e à execução destas infrações. Mais, os recursos serão julgados por Turmas Recursais. Apesar disto, nem todas as unidades da Federação criaram as Turmas Recursais Criminais.

No mesmo diapasão, a Constituição Federal determinou a observância do procedimento sumariíssimo na ritualística processual, em se tratando de infração penal de menor potencial ofensivo. A inversão dos atos processuais essenciais, tais como a defesa preliminar antes do recebimento da acusação e do interrogatório como último ato da instrução (defesa pessoal), viola os princípios constitucionais do contraditório, do devido processo legal e da ampla defesa.

7.3. Da Lei 9.099/95

A Lei 9.099/95, em seu artigo 61, delimitou o que é infração penal de menor potencial ofensivo: contravenções penais e os crimes cuja pena máxima não supere um ano.

Excetuam-se os casos em que a lei preveja procedimento especial.

A primeira controvérsia surgida diz respeito às contravenções penais que se processam por rito especial, v.g., as dos artigos 58 e 60 do Decreto-lei nº 6.256/44 - jogo do bicho e jogo sobre corridas de cavalos fora de hipódromo. De um lado, uma corrente sustenta que, em face do rito especial, não se processam conforme o novo procedimento e nem a elas se lhes aplicam as medidas pertinentes às infrações de menor lesividade (Damásio de Jesus, Paulo L. Nogueira). De outra banda, a outra corrente, por considerar que a menor potencialidade lesiva é da essência da contravenção penal, pugna pela aplicação das medidas despenalizadoras, evidentemente quando cabíveis, bem como do rito sumariíssimo (Ada Pellegrini Grinover, Cezar R. Bitencourt).

Desde a edição da minha obra *Juizados Especiais Criminais* (Livraria do Advogado, 1997), penso que todas as contravenções penais, independentemente do rito, são infrações penais de menor potencial ofensivo, situadas entre as infrações administrativas e os crimes, pois a baixa lesividade social faz parte de sua natureza.

Nosso ordenamento jurídico prevê ritos especiais dentro do Código de Processo Penal, v.g.: crimes de responsabilidade dos funcionários públicos - arts. 513 a 518; crimes ofensivos à honra - arts. 519 a 523, bem como na legislação extravagante, v. g.: crimes de abuso de autoridade - Lei 4.898/65; crimes que envolvem entorpecentes - Lei 6.368/76.

Nestes, a lei é clara, não são infrações penais de menor potencial ofensivo.

É criticável esta restrição de ordem processual, pois o rito especial não foi estabelecido em razão da maior ou menor ofensividade, mas por outros fatores: disponibilidade e possibilidade de reconciliação - honra; persecução criminal - propriedade material, falências; meio de divulgação da infração - imprensa.

Ao abrigo de ritos especiais há inúmeras infrações de baixa lesividade à sociedade ou à própria vítima direta do dano.

O melhor critério para definir o que seja penal de menor potencial ofensivo não é a quantidade de pena cominada e nem o rito processual, mas o bem jurídico atingido. Mesmo porque há um desequilíbrio na escala de valoração dos bens jurídicos na parte especial do Código Penal, privilegiando-se a propriedade, em detrimento da integridade física e da saúde das pessoas. Como o legislador excepcionou as infrações de rito especial, estas estão fora da abrangência das de menor ofensividade, pelo menos para fins da Lei 9.099/95, exceto as contravenções penais.

Alguns julgados do nosso Tribunal de Alçada, v.g. o da Apelação Criminal nº 297033466, têm declinado da competência para processar e julgar os crimes ofensivos à honra, mais propriamente os de difamação e injúria, às Turmas Recursais Criminais.

O fundamento é de que:

"Tratando-se de ação penal pública condicionada à representação, a competência para o exame da matéria é da Turma Recursal Criminal, pois os delitos de difamação e injúria se enquadram no artigo 61 da Lei 9.099/95. Isto porque, não sendo possível a reconciliação, é inaplicável o Capítulo II, Título II, Livro II, do Código de Processo Penal. O procedimento neste caso, será o comum daquela legislação penal e não mais especial."

Por outro lado, o nosso Tribunal de Alçada, ao decidir o conflito de competência nº 296023815, em acórdão de lavra do atual desembargador José Antônio Paganella Boschi, decidiu pela competência do Juizado Especial Criminal.

Duas são as circunstâncias que tornam o rito dos artigos 519 a 523 do C.P.P., especial. A primeira é a obrigatoriedade de, em se tratado de queixa-crime, haver designação prévia de audiência de conciliação, cuja finalidade é a reconciliação das partes. Havendo reconciliação, lavra-se o termo de desistência, extintivo da punibilidade. Não havendo, a ritualística a ser seguida é a comum ordinária, e não a comum sumária. É claro que, em face da indisponibilidade da ação penal, isto não se aplica à ação penal pública.

A outra peculiaridade é a possibilidade de ser oferecida a *exceptio veritatis* que, uma vez admitida, extingue a ação penal, excluindo a tipicidade. Esta é cabível, como regra, na calúnia, exceto nos casos do artigo 138, parágrafo 3º,I a II. e, por exceção, nos casos de difamação tipificados no artigo 139, parágrafo único, todos do Código Penal.

Outro óbice que se vislumbra é a possibilidade de existir, em casos tais, o pedido de explicação, o qual é medida preventiva, torna prevento o juízo e não interrompe o prazo decadencial, embora seja facultativo.

A possibilidade do pedido de explicação, da exceção da verdade e da audiência prévia, são incompatíveis com os princípios da oralidade, da informalidade e da celeridade, preconizados na Lei 9.099/95.

A conciliação da audiência preliminar do rito especial dos crimes ofensivos à honra tem natureza jurídica diversa da efetuada em sede da Lei 9.099/95. Naquela, o objetivo é a reconciliação das partes, no sentido de arquivamento do processo e, nesta, de obtenção de um título executivo judicial, vedatório da querela ou da representação.

A Turma Recursal Criminal vem decidindo os conflitos de competência entre os juízes das varas criminais e os dos juizados especiais criminais, em prol da competência do juízo comum, para processar e julgar os crimes ofensivos à honra.

Portanto, penso continuar o juízo comum na competência ao processo e julgamento dos crimes ofensivos à honra, em que pesem os argumentos dos relatores do Colendo Tribunal de Alçada.

7.4. Novo Código de Trânsito Brasileiro

7.4.1. *Aspectos gerais*

Tipificou o novo Código de Trânsito Brasileiro onze delitos (artigos 302 a 312).

Em dez delitos, exceção feita ao homicídio culposo na direção de veículo automotor, a pena privativa de liberdade mínima é igual, ou seja, de seis meses de detenção.

Sete delitos possuem a mesma pena privativa de liberdade máxima, ou seja, um ano de detenção.

Como é sabido, a melhor doutrina e a jurisprudência majoritária preconizam que na dosimetria da pena, o julgador parte do mínimo legal, isto é, vai se afastando desta base na medida da incidência das circunstâncias desfavoráveis. Ora, da maneira em que houve a cominação abstrata, não foi considerada a valoração do bem jurídico protegido, maculando o princípio constitucional da proporcionalidade. O magistrado haverá de considerar estes fatores quando da medição da pena.

Outra incongruência resulta da reforma pontual. As lesões corporais culposas restaram com pena abstrata superior às lesões leves, tanto no mínimo, quanto no máximo. Sabe-se que o desvalor de resultado, naquelas, é inferior do que nestas. Há um desequilíbrio total na valoração, embora existam lesões culposas com conseqüências mais danosas à vítima do que as lesões leves.

É de notar que o artigo 304 - omissão de socorro -, é circunstância especial de aumento de pena do homicídio culposo e das lesões corporais culposas. Em casos tais, não tem aplicação autônoma. Aliás, na parte final da cominação abstrata, o legislador assim verberou, expressamente.

Ainda, o delito do artigo 310 não faz referência ao dano potencial, como o faz nos demais artigos, onde não há ofensa à integridade física ou mental. Na medida em que o dirigir veículo automotor, em via pública, sem a devida permissão ou habilitação ou, ainda, se cassado o direito de dirigir, tipifica o crime somente quando houver geração de perigo de dano; na medida em que a embriaguez, por si só, não tipifica o delito do artigo 306, somente haverá adequação típica, quando a conduta descrita no artigo 310 gerar perigo de dano.

As circunstâncias agravantes do artigo 298 do C.T.B. não influenciarão na determinação do que seja infração de menor potencial ofensivo. Somente as especiais de aumento ou de diminuição de pena dos artigos 302 e 303, ou seja, do homicídio culposo e das lesões corporais culposas, por fazerem parte do conteúdo do injusto.

Entretanto, a incidência destas em nada afetará, eis que as penas máximas são de dois e quatro anos.

Nem haverá influência à suspensão condicional do processo, pois o *quantum* incidente sobre o apenamento mínimo não elevará a pena mínima para além de um ano de detenção.

7.4.2. *Do artigo 291*

Aos crimes cometidos na direção de veículos automotores, previstos neste Código, aplicam-se as normas gerais do Código Penal e do Código de Processo Penal, se este Capítulo não dispuser de modo diverso, bem como a Lei 9.099/95, *no que couber.*

Podemos dividir a Lei 9.099/95 em dois subsistemas: infrações penais de menor potencial ofensivo e infrações penais de médio potencial ofensivo.

Nas primeiras estão as contravenções penais e os crimes cuja pena máxima não exceda a um ano. Nestas é cabível a composição civil, a transação criminal, a suspensão condicional do processo e o rito sumariíssimo.

Na segunda categoria, estão as infrações criminais cuja pena mínima não exceda a um ano. Nestas somente é cabível a suspensão condicional do processo, independentemente de o rito processual ser comum ou especial.

Interpretando-se o artigo 291, *caput*, teremos três grupos:

1º) Não se aplica a composição civil; a transação criminal; o rito sumariíssimo e nem a suspensão condicional do processo. Nenhuma disposição da Lei 9.099/95 incide.

É a hipótese do artigo 302 do Código de Trânsito Nacional, ou seja, do homicídio culposo praticado na direção de veículo automotor.

Permanece o homicídio culposo não praticado na direção de veículo automotor, como infração de médio potencial ofensivo, apenado no artigo 121, § 3º do CP com sanção de 1 a 3 anos. Cabível, nesta hipótese, em tese, a suspensão condicional do processo.

O Anteprojeto de Lei da parte especial do Código Penal mantém o mesmo apenamento no artigo 121, § 5º.

Assim, é competente para processar e julgar o homicídio culposo, praticada na direção de veículo automotor, o juízo comum, com recurso ao Tribunal, a quem compete apreciar também o *Habeas Corpus* e o Mandado de Segurança (Varas de Trânsito onde houver).

2º) É infração penal de menor potencial, aplicando-se o novo rito, com a composição civil, a transação criminal e a suspensão condicional do processo. Isto porque as penas máximas e as mínimas não excedem a um ano. Todas as medidas despenalizadoras e todas as disposições da Lei 9.099/95 são aplicáveis nos seguintes delitos: artigos 304, 305, 307, 309, 310, 311 e 312.

A Competência para processar e julgar é do Juizado Especial Criminal, com recurso à Turma Recursal Criminal, a qual compete, também, o julgamento do *Habeas Corpus* e do Mandado de Segurança.

Não há controvérsia, e nem me parece que emergirá qualquer dúvida a respeito.

3º) Não são infrações penais de menor potencial ofensivo; o são de média lesividade. Cabível, portanto, somente a Suspensão Condicional do Processo: artigos 303, 306 e 308 (lesão corporal culposa, embriaguez ao volante e o denominado "racha").

Assim, permaneceria somente a lesão corporal culposa como dependente de representação.

Ocorre que o legislador inseriu um parágrafo ao artigo 291:

"Aplicam-se aos crimes de trânsito de lesão corporal culposa, de embriaguez ao volante, e de participação em competição não autorizada, disposto nos arts: 74, 76 e 88 da Lei de 9.099, de 26 de setembro de 1995.", ou seja, a composição civil, transação criminal e a representação.

São exatamente os três delitos em que, pelo *caput* e pela cominação dos artigos 302 a 312, são incabíveis a composição civil e a transação criminal.

Toda a problemática, em termos de aplicação da Lei 9.099/95 diz respeito a estes três tipos de delitos e à representação:

Podemos aventar três possibilidades:

1ª) Aplicar aos três delitos a Lei 9.099/95 somente no que couber, ou seja, somente caberia a suspensão condicional do processo; seriam incabíveis a composição civil e a transação criminal e a competência para processar e julgar seria do juízo comum, sem aplicação do rito sumariíssimo. Haveria feitura de inquérito policial.

Crítica a esta posição: isto encontra óbice no parágrafo único do artigo 291, o qual manda aplicar a composição civil, a transação criminal e a representação; negar-se-ia vigência ao parágrafo único do artigo 291 do Código de Trânsito Brasileiro; a própria Constituição Federal autoriza o legislador ordinário a determinar as hipóteses de cabimento das medidas despenalizadoras.

2ª) Considerar os três delitos como ampliação do conceito de infração penal de menor potencial ofensivo, com cabimento da composição civil, transação criminal e da suspensão condicional do processo. A competência para processar e julgar seria do Juizado Especial Criminal, com dispensa do inquérito policial e observância do rito sumariíssimo.

Crítica a esta posição: o *caput* do artigo 291 manda aplicar a Lei 9.099/95 no que couber, e a pena máxima é superior a um ano; o legislador agravou as penas das infrações criminais ocorridas no trânsito, emitindo um juízo de desvalor superior a estas infrações, retirando-as das de menor potencial ofensivo; considerá-las de menor potencial ofensivo, além de afrontar a definição dada pelo artigo 61 da Lei 9.099/95, representaria um absurdo lógico, diante dos reclamos sociais e da nítida intenção de agravar tais fatos.

3ª) Não considerar os três delitos como infração de menor potencial ofensivo; apenas aplicar-lhes o disposto do parágrafo único, ou seja, com cabimento da composição civil e da transação criminal, a serem aplicadas no juízo comum (Varas de Trânsito), e não no Juizado Especial Criminal, com observância do rito comum sumário. Assim, não haveria dispensa do inquérito policial, e o recurso não mais seria para as Turmas Recursais Criminais, mas para os Tribunais. A suspensão condicional do processo seria cabível independentemente desta consideração.

Desta forma, as medidas despenalizadoras seriam aplicadas no juízo comum, antes de ser dada vista dos autos ao Ministério Público ou, pelo menos, antes do recebimento da peça acusatória, devendo-se designar audiência para tal, eis que são impeditivas da ação penal.

O parágrafo não manda aplicar as demais disposições da Lei 9.099/95 a estas três infrações.

No meu sentir, esta é a melhor interpretação.

Assim, em se tratando de lesões corporais culposas, as quais dependem de representação, há que ser designada prévia audiência para tentativa de composição dos danos de natureza cível, eis que, havendo acordo, este impedirá a representação e, por via de conseqüência, o início da ação penal. Não havendo composição civil, a vítima, ou quem tiver legitimidade para tal, poderá representar nesta audiência, ou dentro do prazo decadencial, o qual continua a ser regulado pelo Código Penal e pelo Código de Processo Penal. Somente quando inexitosa a composição civil e havendo representação, poderá ser tentada a transação criminal. Uma vez realizadas a composição civil ou a transação criminal, os efeitos são os da Lei 9.099/95.

Nas duas outras infrações, embora de ação penal seja pública incondicionada, eventuais danos poderão ser objeto de composição civil, mas isto não impedirá o oferecimento da transação criminais e da peça acusatória pelo Ministério Público, sendo inexitosa à transação criminal, a qual também deverá anteceder ao oferecimento da denúncia.

7.4.3. Da representação

Pelo princípio da oficialidade, a ação penal é, de regra, pública incondicionada, isto é, o Estado, através do Ministério Público, é quem tem legitimidade para deduzir o *jus acusationis* independentemente da vontade do lesado, seu representante legal ou sucessor.

Excepcionalmente, o Estado, apesar de reprovar criminalmente determinada conduta, condiciona o exercício da ação penal à manifestação de vontade da parte lesada, seja mediante representação ou queixa-crime.

Desde 1995, o Estado, para processar o autor de lesões corporais culposas ou leves, passou a exigir a representação. É o que se infere do artigo 88 da Lei 9.099/95.

Ocorre que o parágrafo único do artigo 291 do Código de Trânsito Brasileiro mandou aplicar o artigo 88 da Lei 9.099/95 também aos delitos de embriaguez ao volante e participação em competição não autorizada (artigos 306 e 308). Estes dois fatos somente encontrarão adequação típica quando causarem dano potencial à incolumidade pública. Diz o artigo 306, à incolumidade de outrem e, o 308, à incolumidade pública ou privada. Portanto, somente haverá delito quando o bem jurídico protegido, ou seja, a segurança viária, for atingida, isto é, houver demonstração no mundo fático do perigo (trafegar em ziguezague; bater num poste, subir na calçada, capotar o veículo, v.g.). Não se exige vítima concreta. O simples fato de dirigir embriagado ou de participar de racha não tipifica o delito; pode, entretanto, caracterizar infração administrativa, sanção suficiente à reprovação do fato.

Portanto, condicionar-se à representação estes dois tipos penais seria sepultá-los, negar-lhes aplicação.

Desta forma, o artigo 88 da Lei 9.099/95 não tem aplicação nas hipóteses dos artigos 306 e 308 do Código de Trânsito Brasileiro. A ação penal continua sendo pública incondicionada.

O prazo para representar, tanto nas lesões corporais leves, quanto nas culposa, é de seis meses, contados a partir da ciência da autoria do crime, nos termos dos artigos 38 do Código de Processo Penal e 103 do Código Penal, e não da audiência que será designada no juízo comum (lesão corporal culposa) e nem da audiência preliminar (lesões leves). Mesmo no encaminhamento das peças ao juízo comum, nas hipóteses dos artigos 66, parágrafo único, e 77, § 2º; da Lei 9.099/95; o prazo é regulado pelas disposições do C.P. e do C.P.P.

7.5. Conclusões

a) Delito onde não se aplica a Lei 9.099/95: homicídio culposo na direção de veículo automotor; b) delitos onde se aplicam a composição civil e a transação criminal no juízo comum: lesões corporais culposas na direção de veículo automotor, embriaguez ao volante e no "racha"; c) os delitos dos artigos 305 e 308 do C.T.B. são de ação pública incondicionada, em face do bem jurídico atingido; d) aos delitos dos artigos 304, 305, 307,309, 310, 311 e 312 do C.T.B. são de competência dos Juizados Especiais Criminais, com recurso às Turmas Recursais onde houver, aplicando-se-lhes a composição civil, a transação criminal e a suspensão condicional do processo; e) a suspensão condicional do processo tem aplicação em todos os delitos previstos no C.T.B., com exceção no homicídio culposo (artigo 302).

8.
A extinção da Sala Secreta nos Tribunais do Júri

Carlos Rafael dos Santos Júnior
Desembargador do TJRS

SUMÁRIO: 8.1. Apresentação do tema; 8.2. A "sala secreta"; 8.3. Argumentos e contra-argumentos; 8.3.1. Os novos princípios do júri; 8.3.2. A publicidade; 8.3.3. A plenitude da defesa; 8.3.4. A isonomia das partes; 8.3.5. O sigilo das votações; 8.3.6. A influência sociológica; 8.3.7. Constrangimento dos jurados; 8.4. Um argumento inatacável; 8.5. Conclusão.

"A força de quem caminha advém da confiança em suas convicções e das dificuldades da jornada."

8.1. Apresentação do tema

O chamado Júri Popular, que, como adverte *Heleno Fragoso*, "... encontra seu termo inicial no procedimento inquisitório ...", foi introduzido no Brasil através de lei de 18 de junho de 1822 e já mencionado como órgão do Poder Judiciário pela Constituição Federal de 1824.

Desde então, apesar de diversas modificações superficiais que experimentou durante sua evolução a nossos dias, sempre foi caracterizado, entre outros aspectos, pela realização dos julgamentos através de membros dignos do povo que, após ouvirem os debates e terem contato com a prova colhida, recolhiam-se a uma sala reservada (especial ou secreta) onde deliberavam e tomavam a final decisão.

A evolução legislativa ocorrida desde então, inclusive constitucional, findou por incluir na Constituição Federal de 1988, o Tribunal do Júri entre os direitos e garantias fundamentais do cidadão (art. 5º, XXXVIII), mantendo sua disciplina no bojo do Código de Processo Penal (arts. 406 a 497).

Entre nós, o Júri manteve, em sua organização, a chamada "sala secreta" (arts. 480 e 481 CPP).

Entretanto, com o advento da Carta Política de 1988, que elevou à categoria de norma constitucional a publicidade de todos os julgamentos do Poder Judiciário (arts. 93, IX da CF), considerável parcela da doutrina pátria passou a defender a realização dos julgamentos, também nos Tribunais do Júri, em sessão pública, extinguindo-se a chamada "sala secreta".

O que se pretende demonstrar neste trabalho é a absoluta correção de tal postura, haja vista que somente sua adoção conduz à possibilidade de uma interpretação igualitária, coerente e sintonizada de todo o sistema legal que disciplina a matéria.

8.2. A "sala secreta"

A chamada "sala secreta", especial ou reservada como a denominam as diversas legislações contemporâneas, tem sua origem, como o próprio Tribunal do Júri, na Inglaterra, de onde projetou-se para a França com a Revolução de 1789 e para os Estados Unidos da América do Norte.

Entretanto, em tais organizações políticas, embora contendo divergências de fundo (No Júri Inglês era vedado o ingresso na sala reservada inclusive de alimentação, enquanto no Júri Francês ocorriam interrupções dos julgamentos por horas, nas quais os jurados se dirigiam a suas casas para pernoites e alimentação), não vigorava nestes locais especiais, no momentos do julgamento, a incomunicabilidade entre os jurados.

Estes, como nos escabinados, recolhiam-se à sala secreta onde debatiam as provas observadas, o fato e o direito, e buscavam a unanimidade, não podendo a discussão ser assistida por quem quer que fosse, nem mesmo pelo Juiz-Presidente do Tribunal.

No Brasil, na forma do artigo 458, acarreta, inexoravelmente, a nulidade do julgamento (*Revista dos Tribunais*, vol. 581, p. 299).

Assim sendo, já por política legislativa, na medida em que somente a possibilidade de comunicação entre os jurados pode justificar a "sala secreta", vigente no direito brasileiro a absoluta incomunicabilidade dos jurados não se justificaria a existência de tal recinto, senão como sala de descanso dos Senhores Jurados.

Margarinos Torres, já em 1939, examinando a matéria, afiançava que: "A conseqüência lógica (a que chegávamos no Ante-Projecto, art. 30), dessa incomunicabilidade dos jurados entre si, seria a suppressão da sala secreta (que passaria a ser somente de descanso), decidindo elles 'secretamente e por meio de cartões, mas na sala pública...', e arrematava, 'Só a conferencia, hoje abolida, justificava a sala secreta.'" (*Processo Penal do Jury*, Livraria Jacintho, 1939, Rio de Janeiro, p. 137).

Perceba-se que este ensinamento data de 1939!

8.3 Argumentos e contra-argumentos

8.3.1. Os novos princípios do júri

Ao contrário da Emenda Constitucional outorgada em 1969, a Constituição Federal de 1988 inovou no que diz respeito ao Tribunal do Júri, pois a par de reconhecer a nobre instituição, erigiu a norma constitucional os seus basilares princípios da plenitude de defesa, do sigilo das votações, da soberania dos veredictos e de sua competência para o julgamento dos crimes dolosos contra a vida.

Ora, sabe-se, por regra interpretativa, que as normas legais não contêm palavras inúteis. Sabe-se, também, por experiência, que qualquer nova norma, entre elas a Constituição Federal, é discutida e alterada ou recriada a partir da anterioridade existente.

Portanto, sem dúvida, o legislador constituinte teve em linha de conta a letra da anterior Constituição Federal a fim de, dela partindo, construir a nova ordem.

A Emenda Constitucional nº 1, de 17 de outubro de 1969, em séu artigo 153, § 18, referindo-se ao Tribunal do Júri, dizia:

"§ 18...

É *mantida* a instituição do júri, que terá competência no julgamento dos crimes dolosos contra a vida."

Já a atual Carta Política, em seu artigo 5º, inciso XXXVIII, estabelece que:

"Art. 5º...

XXXVIII - É *reconhecida* a instituição do júri, com a organização que lhe der a lei, assegurados:"

Ora, a palavra "manter", utilizada em 1969, pode de fato significar a manutenção da instituição em todas as suas formas anteriores, mas o vocábulo "reconhecer" trazido na Constituição de 1988, *data venia* tem conotação diversa; não significa a manutenção nos termos anteriores, mas tão-só o reconhecimento de sua existência, eficácia e importância do Júri, mas evidentemente desde que não contrarie a nova Carta ou os princípios constitucionais do júri contidos no mesmo dispositivo e que serão comentados adiante.

O próprio Ministro *Paulo Brossard de Souza Pinto*, do Supremo Tribunal Federal, despachando recurso a respeito da matéria, embora esposando tese diversa da que defendemos, sobre a alteração trazida pela Constituição Federal a instituição do júri, afiança que: "É de notar-se que o texto de 88, no tocante ao júri, retorna a 46; não se limitou a manter o júri ou a ele referir-se confiando-o aos cuidados da lei; constitucionalizou os princípios tradicionalmente vigentes entre nós, indicando-os um a um e fê-los intocáveis pelo legislador que venha a regulá-lo." (Recurso Extraordinário nº 01409754/210, Rio de Janeiro).

Como se vê, não pode haver qualquer dúvida no sentido de que a Constituição Federal de 1988 inovou em relação ao Tribunal do Júri.

8.3.2. A publicidade

Em todas as civilizações, desde a idade antiga, a publicidade dos julgamentos sempre foi sinônimo de evolução, caminhando lado a lado com os povos mais cultos e avançados. Não é sem razão que *Agnan*, o historiador do Júri, comentando elogiosamente as instituições judiciárias dos Estados Unidos da América do Norte, chegou a afirmar com entusiasmo que "Na América a lei não se occulta, como o crime." (Referido por *Pinto da Rocha, O Jury e Sua Evolução*, Editora Leite Ribeiro & Maurilio, 1919, Rio de Janeiro, p. 145).

Os Tribunais de Anciãos hebreus e a máxima publicidade que presidia todos os atos da justiça grega, segundo afiança *Pinto da Rocha*, são notícia histórica do princípio. Na época, "A votação das sentenças era motivada e fazia-se em presença do accusado, sem a menor sombra de mysterio..." (ob. cit., p. 143).

Na época do Império, os jurados recolhiam-se à "sala seccreta" para conferenciamento (não havia a incomunicabilidade), procedimento mantido por alguns códigos estaduais a partir da Constituição de 1891, que remeteu aos Estados a competência para legislar sobre matéria processual penal.

Nesta época, o Código de Processo Penal do Rio Grande do Sul, *v.g.*, estabelecia que o voto dos jurados fosse proferido em público e oralmente.

No Rio de Janeiro, por outro lado, após conferenciarem na "sala secreta", os jurados votavam em público.

A partir de 1941, o ainda vigente Código de Processo Penal, outorgado em período ditatorial, é importante salientar, estabeleceu que as votações fossem efetivadas por escrutínio secreto e em local secreto ou especial.

A atual Carta Política Federal, em relação ao princípio da publicidade, sem dúvida avançou. Chamada pelo presidente da Assembléia Nacional Constituinte, Dep. Ulysses Guimarães, de "Constituição Cidadão", no que diz com os julgamentos do Poder Judiciário, estabeleceu, no artigo 93, inciso IX, que:

"Art. 93...

IX - todos os julgamentos dos órgãos do Poder Judiciário serão públicos, e fundamentadas todas as decisões, sob pena de nulidade, podendo a lei, se o interesse público o exigir, limitar a presença, em determinados atos, às próprias partes e a seus advogados, ou somente a estes;"

Mais, a nova Constituição Federal, além disso, clausulou, em seu artigo 5º, inciso LX, as únicas ocorrências capazes de restringir o princípio geral da publicidade, senão vejamos:

"Art. 5º...

LX - a lei só poderá restringir a publicidade dos atos processuais quando a defesa da intimidade ou a interesse social o exigirem;"

De notar-se, desde logo, que a Constituição Federal estabeleceu, como regra, a publicidade de todos os atos processuais e julgamentos do Poder Judiciário.

Assim, sendo regra constitucional a publicidade de todos os atos processuais, e dos julgamentos em particular, por princípio comezinho de hermenêutica, todas as normas legais anteriores que contrariarem o novo princípio (constitucional, lembra-se), estão revogadas. De conseqüência, por contrariarem a nova ordem constitucional e um dos direitos individuais agora reconhecidos, os artigos 480 e 481 do Código de Processo Penal estão inapelavelmente revogados.

Alguns intérpretes têm argumentado que o próprio artigo 93, inciso IX, da Constituição Federal, estabelece exceção ao admitir que a lei restrinja a presença, nos julgamentos, até somente aos advogados de parte. Entretanto, tal entendimento, *data venia*, contém manifesto equívoco.

Inicialmente, porque referida restrição somente é admissível quando o "interesse público" o exigir, e os artigos 480 e 481 do Código de Processo Penal não contêm qualquer norma a atender interesse público, mas tão-somente norma procedimental já antiga e que, por contrariar o novo texto constitucional, está revogada.

Além disso, tenho para mim que o artigo 5º, inciso LX, da Constituição Federal, estabelecendo que a publicidade dos atos processuais somente pode ceder diante da "... defesa da intimidade..." ou do "... interesse social ...", encerra a discussão a respeito.

É que o Tribunal do Júri é daquelas instituições em que, por sua própria natureza, se traz a público a intimidade de todas as relações que circundaram o fato julgado. E isto é necessário para informar aos Senhores Jurados.

Por isso, reconhecida que foi a instituição do júri na nova Carta Magna, não há como sustentar na defesa da intimidade ou do interesse social, a não-aplicação do princípio da publicidade dos julgamentos, posto que esta a regra geral, inclusive, e em especial, pois é da sua natureza, no Tribunal Constitucional do Júri.

É de lembrar que o próprio Código de Processo Penal, em seu artigo 792, § 1º, contém dispositivo que permite aos juízes, neles incluídos os presidentes de Tribunais do Júri, verificado "... escândalo, inconveniente grave ou perigo de perturbação da ordem, ..." advindo da publicidade da sessão de julgamento, determinar que o ato seja realizado a portas fechadas, limitando o número de pessoas que possam estar presentes.

Este dispositivo, ao contrário dos artigos 480 e 481 do C.P.P., não contraria o princípio da publicidade dos julgamentos e atos processuais, antes com ele se harmoniza, e contém a necessária solução para os problemas que porventura advenham da publicidade da sessão de julgamento.

Note-se que, hoje, a regra geral é publicidade do julgamento, admitindo-se a restrição a este princípio apenas e tão-somente nos casos em que a Constituição Federal elenca. De lembrar-se que a interpretação da norma restritiva da regra geral deve ser, sempre, restrita aos seus termos.

As normas dos artigos 480 e 481 do Código de Processo Penal, por sua vez, não contêm restrição alguma, antes são a própria forma ordinária de realização dos julgamentos. Logo, não podemos conviver, como regra geral, com a nova ordem constitucional cuja regra geral é, ao contrário, a publicidade das sessões de julgamento. Não pode, portanto, estar neste dispositivo a exceção prevista no artigo 93, inciso IX, da Constituição Federal.

A exceção ao princípio da publicidade somente pode ser encontrada em norma que, por seus termos, seja excepcional, e esta está contida no artigo 792, § 1º, do Código de Processo Penal, que contempla exceção à regra da publicidade para os casos em que da publicidade decorra escândalo, inconveniente grave ou perigo de perturbação da ordem.

Em relação à presença do acusado, por outro lado, igualmente o próprio Código de Processo Penal contém, no artigo 217, norma excepcionando a regra geral da publicidade do julgamento, também, para o réu. Não se pode afastar o conteúdo de exceção do dispositivo que prevê a possibilidade do afastamento do réu do local em que se coleta a prova se "pela sua atitude" causar alguma influência inaceitável.

Estes dispositivos, por excepcionais, são a própria exceção constitucional contida na legislação ordinária.

Nesta ótica, mediante a interpretação igualitária de todo o sistema, se conclui, já na aurora do debate, que os julgamentos nos Tribunais do Júri pátrios obrigatoriamente devem ser realizados em sessões públicas, podendo excepcionalmente e "Se da publicidade da sessão puder resultar escândalo, inconveniente grave ou perigo de perturbação da ordem" ou "Se o juiz verificar que presença do réu, pela sua atitude, poderá influir no ânimo da testemunha de modo que prejudique a verdade do depoimento", a sessão ser realizada a portas fechadas ou com o afastamento do local dos assistentes ou do acusado.

8.3.3. A plenitude da defesa

Ainda no artigo 5º, inciso XXXVIII, letra *a*, a nova Constituição Federal assegura "a - a plenitude da defesa".

Perante o Tribunal do Júri, como se percebe pela letra do artigo 484, inciso III, do CPP, a defesa do acusado não é exercida apenas pela técnica. Como diz *James Tubenschlak* ao transcrever informações prestadas em Mandado de Segurança relativo à matéria em pauta (Mandado de Segurança nº 04/89, Rio de Janeiro), "Esta se efetiva, sobremaneira, com a presença do réu, em todo o desenrolar do julgamento pelo júri." (*Tribunal do Júri - Contradições e Soluções*, Forense, Rio de Janeiro, 1990, p. 290).

Não era outra a postura de *Pinto da Rocha* em sua obra *O Jury e Sua Evolução* (Ob. cit., p. 149) ao citar magistério de *Jules Barni*, autor de *A Moral da Democracia*: "Eis agora o accusado em presença do Tribunal que o vem julgar. O mesmo princípio que já protegeu na prisão preventiva, ou na liberdade sob fiança deve acompanhá-la à barra do Tribunal...".

De fato, no Tribunal do Júri, é fundamental a presença do acusado, e tanto assim é que a revelia, salvante raríssimos casos de crimes afiançáveis, não é admitida no júri, nos termos do artigo 451 e parágrafos do Código de Processo Penal.

De outra banda, a jurisprudência do nosso próprio Tribunal de Justiça, como de resto de todos os tribunais do país, é uníssona em eivar de nulidade os julgamentos do Júri Popular em que não se quesitar aos Senhores Jurados a matéria alegada pessoalmente pelo acusado, ainda que rejeitada pelo defensor técnico (*Revista dos Tribunais*, vol. 590, p. 300; RJTJRGS, vol. 146, p. 90).

Ora, se a presença do acusado faz parte da própria defesa no Tribunal do Júri, inafastável a necessidade de se o manter, também, presente no momento culminante da sessão, o momento do próprio julgamento.

8.3.4. A isonomia das partes

O princípio da isonomia das partes, imposto *erga omnes* no artigo 5º, *caput*, da Constituição Federal de 1988, estabelece a igualdade de todos, sem qualquer distinção, perante a lei.

Sabe-se que, no processo penal, são partes o Ministério Público e o acusado. Em conseqüência, ambos, Promotor de Justiça e réu, devem ser tratados de forma idêntica a fim de que não se agrida referido princípio, o que seria causa de nulidade por infringência à legal isonomia das partes.

Neste diapasão, vedar ao acusado sua presença na sala de julgamento nos Tribunais do Júri, enquanto se o permite a presença ao Ministério Público, seria odiosa discriminação, esta sim a nulificar o julgamento. Note-se que não se pode confundir o réu/acusado com seu defensor, enquanto, o Promotor de Justiça, por possuir capacidade postulatória própria, é a própria parte acusadora.

Sobre o mesmo tema não se pode esquecer circunstância que tem sido olvidada sistematicamente, mas que conduz à conclusão de que não se pode mesmo afastar o réu da sala de julgamento. É que o artigo 263 do Código de Processo Penal autoriza a autodefesa do acusado, caso tenha habilitação, em qualquer circunstância, e o artigo 480 do mesmo diploma legal determina a retirada do réu, nos Tribunais do Júri, do recinto de julgamento.

Assim, o referido artigo 480 do CPP teria que ser entendido revogado no particular, pois contém discriminação entre o réu e o bacharel em direito e o acusado leigo. O primeiro poderia assistir a seu julgamento se também fosse defensor, ou a letra do citado dispositivo (...fará retirar o réu...) valeria também contra ele? Se for entendido que seria também retirado da sala de julgamento, ficaria sem representação no local?

Por outro lado, caso admitida a presença do acusado bacharel ao recinto do julgamento, não se estaria a discriminar em relação aos acusados leigos? Note-se como as tentativas de restrição à publicidade, sem que haja justificativa de fato, como as elencadas no artigo 792, § 1º, sempre se tornam discriminatórias, o que jamais ocorreria esposando-se o entendimento de que o princípio da publicidade deve prevalecer.

De outra banda, com a interpretação da publicidade constitucional nos moldes em que se sustente, pela viabilização da presença do acusado no local do julgamento, seja ele bacharel ou não, obtém-se como resultante da norma a absoluta e necessária igualdade no tratamento das partes nos Tribunais do Júri.

8.3.5. O sigilo das votações

O princípio constitucional do Júri do sigilo das votações tem sido erigido em sustentáculo dos argumentos daqueles que pretendem ver mantida a sistemática anterior nos julgamentos dos Tribunais do Júri, inclusive, com a manutenção das "salas secretas".

A garantia do sigilo das votações, letra *b* do dispositivo constitucional tratado, por outro lado, não é agredido com a realização da votação em plenário, em público, mas mediante o escrutínio secreto, como determinam os artigos 485, 486 e 487 do CPP.

O advogado e eminente professor paranaense *Rene Ariel Dotti*, que dispensa apresentações, em artigo intitulado "Publicidade dos Julgamentos e a Sala Secreta no Júri", garante que "A colheita dos votos proferidos pelos jurados no plenário do Tribunal do Júri não é incompatível com o princípio do sigilo das votações, estabelecido como um dos pilares para a organização e o funcionamento da corte popular. Ao reverso, satisfaz o requisito político da transparência dos atos administrativos públicos de um modo geral e desfaz a impressão leiga de que na 'sala secreta' a justiça muda a sua face aberta para esconder do maior público que se mantém lá fora, os lances decisivos do processo e que consistem nas votações do questionário." (Revista dos Tribunais, São Paulo, 1992, vol. 677, pp. 330/337).

Mas não é só.

Sem esquecer-se de que a lei constitucional não contém palavras inúteis, deve-se atentar para a circunstância de que a Carta Magna não determina o sigilo "da votação", mas "das votações", as quais devem ser entendidas como as votações de cada um dos quesitos submetidos ao final do julgamento ao Conselho de Sentença.

E este sigilo sempre é garantido pela coleta, em urna indevassável, dos votos dos Senhores Jurados, tudo realizado por dois Oficiais de Justiça e presentes todas as garantias.

Tratando também do assunto, o Desembargador *Gama Malcher*, do Tribunal de Justiça do Rio de Janeiro, lembra que "... sempre se deve interpretar tecnicamente as expressões técnicas usadas pela lei, mormente a lei constitucional ..." e que "Ao cuidar das votações dos quesitos (núcleo do julgamento popular, de consciência) a Constituição determina que se mantenha "o sigilo das votações", e não o "sigilo na votação". (Voto vencido no H.C. nº 280/89, IIIª Câmara Criminal).

Oportuno lembrar que em direito eleitoral, o "voto secreto", previsto pelo artigo 82 do Código Eleitoral, é garantido pelo isolamento do eleitor em cabine indevassável, "... para só o efeito de assinalar o voto ...", depois do que deverá, inclusive, mostrar publicamente a cédula aos mesários e colocá-la na urna na presença dos circunstantes (artigo 135 do Código Eleitoral).

Para fins de analogia, tenho para mim, que o ato de assinalar o voto muito mais se aproxima da escolha pelo jurado de uma das cédulas que recebe (sim e não), do que do ato de colocar a cédula na urna. O momento do depósito do voto na urna eleitoral guarda semelhança inafastável com o depósito do voto do jurado também na urna indevassável no momento do julgamento.

E somente para assinalar o voto o eleitor tem suas mãos e a cédula resguardadas.

O jurado, por sua vez, para efetuar a escolha da cédula, mantém sempre suas mãos nos habitáculos existentes sob (e não sobre) as bancadas em que trabalham. Em seguida a cédula é colocada na urna manuseada pelos Oficiais de Justiça, ficando absolutamente resguardada da visão de quem quer que seja esta opção.

Aqui está o sigilo das votações.

E o professor *Magarinos Torres*, mais uma vez, adverte que "... esse sigillo, que no voto político, foi considerado condição fundamental de liberdade e honestidade das eleições, é conciliável com a máxima publicidade do funcionamento, que também constitui um direito do público, a quem não se deve furtar a fiscalização de todo o processo; porque essa fiscalização é também estímulo à dignidade dos cidadãos sorteados para julgamento e que se sentem moralmente responsáveis, cada um, perante o público, pelos veredictos que o Jury profere." (Ob. cit., p. 463).

Ademais, aos locais de votação, em direito eleitoral, têm acesso, sempre, os candidatos (poderiam, para comparação, ser chamados de partes no processo, assim como o réu no júri), os delegados dos partidos políticos interessados, todos os eleitores que estiverem na fila e, atente-se, jamais é permitido o fechamento das portas do local em que se encontra a mesa receptora.

Estes locais de votação, sim, assemelham-se ao plenário em que se realiza a sessão do júri, e devem sempre, para a garantia da lisura do pleito, estar ungidos pela publicidade.

Por tudo isso absolutamente sem razão o eminente Desembargador Luiz Carlos Santini, do Tribunal de Justiça do Mato Grosso do Sul, que, ao relatar a apelação nº 29.200-2, sustentou com a analogia ao sistema eleitoral e o princípio constitucional do sigilo das votações, a inviabilidade das votações realizadas em público nos Tribunais do Júri (RT 684, pp. 351/354).

8.3.6. A influência sociológica

Cabe, ainda, referir que o jurado decide não de acordo com a lei, mas de acordo "... com sua consciência ..." (art. 464 do CPP). E a consciência do jurado, influenciado, sem dúvida, pela mídia, pela repercussão social dos fatos examinados, pela sua condição cultural e social, enfim, por todos os atributos que sua personalidade possui e seus sentidos captam do meio social em que vive, para que se alcance o desiderato do julgamento por seus pares, deve "... servir de preciso thermometro de opinião publica dominante em uma nação, caracterisador insophismável do sentimento popular em um determinado momento (*Helvecio de Gusmão, O Jury, Gazeta de Notícias*, ed. de 11 de outubro de 1923, Rio de Janeiro).

O chamamento dos cidadãos para decidir as matérias do artigo 5º, inciso XXXVIII, letra *d*, da Constituição Federal, sem dúvida alguma, leva em linha de conta a influência social que este sofre ao decidir. Foi a maneira encontrada pelo legislador para que a sociedade decidisse, por si mesma, ainda que contra a lei, sobre matéria de tamanha importância.

E a influência do meio sobre o cidadão/jurado, não olvidada jamais nestes longos anos de existência da instituição; tanto assim é que, somente em casos extremos, quando esta influência salutar for tida como excessiva, é que a lei, através do instituto do desaforamento, traz solução para a redução da pressão social, que sempre existe, ao nível normal e próprio da instituição do Júri.

Assim, o jurado precisa mesmo sofrer a influência do meio, pois é ela que vai formar sua consciência em geral e, em especial, sua deliberação sobre o fato discutido.

O próprio Tribunal de Justiça do Rio Grande do Sul, por sua IIIª Câmara Criminal, examinada a A.C. nº 690017884, já acordou no sentido de que "... a pressão de que fala a apelante é normal em qualquer comunidade em que ocorra um fato de tamanha proporção...", reafirmando ser "... natural que a opinião pública se posicione sobre o assunto." (RJTJRGS, vol. 149, pp. 197/209).

Nada recomenda, ademais, que todos estes agentes formadores da deliberação do jurado, inclusive a presença física do réu e dos assistentes, no momento mais sublime do julgamento sejam afastados, pois são eles parte da própria comunidade-juiz e "... representante legítimo da cultura média da sua classe, com a prerrogativa ainda do conhecimento dos hábitos desse meio e talvez da personalidade do próprio imputado e da victima, o que lhe permitte avaliar da periculosidade ou temibilidade daquelle." (*Magarinos Torres*, ob. cit., p. 121).

De outra banda, esta influência social é tão prestigiada, mormente pelos membros do Ministério Público e Advogados que militam no Júri Popular que, um sem-número de vezes artigos de jornal, e atualmente reportagens filmadas, da época dos fatos, são mostrados aos jurados em plenário, buscando evidentemente catalisar a influência social sobre o jurado pela manifestação da imprensa na época do fato, i.é, para lembrar ao jurado o grau de lesão social experimentado pela sociedade na época em que se deu o fato agora julgado.

Não há então, *data venia*, como vingar o argumento de que o jurado deve ser subtraído da influência de sua comunidade, a quem representa, no momento do julgamento.

Finalmente impede referir que o Tribunal do Júri, por constituído pela comunidade leiga, por deliberar de acordo com a consciência do jurado convocado, tem por escopo decidir de acordo com a vontade popular. Esta vontade, tenho para mim que pode, e deve, revelar-se, inclusive, no dia ou no momento do julgamento pela presença da comunidade, pela forma do acusado portar-se em seu julgamento, enfim, pela forma mais ampla possível.

Inobstante, no caso de esta influência sobre o corpo de jurados chegar a nível excessivo, quando flagrada no curso do processo conduz ao desaforamento (art. 424 do CPP), e se no momento do julgamento, leva à retirada dos assistentes ou até mesmo do acusado, tudo por aplicação do disposto nos artigos 792, I, e 217, ambos do Código de Processo Penal.

8.3.7. Constrangimento dos jurados

Finalmente, sempre encontro o argumento de que a votação pública dos quesitos formulados ao Conselho de Sentença geraria constrangimento aos Senhores Jurados.

O argumento, cumpre salientar de início, é totalmente desvestido de fundamento de ordem legal. Com efeito, não há qualquer dispositivo que impeça o julgamento público no júri por resultar constrangimento ao corpo de jurados.

Além disso, o Tribunal do Júri é órgão especial do Poder Judiciário que se caracteriza pelo chamamento da sociedade, representada pelos seus cidadãos nas condições do artigo 436 do CPP. Através do júri, a sociedade é chamada a julgar seus semelhantes naqueles crimes que lhe são mais danosos, quais sejam os crimes dolosos contra a vida.

Ora, tratando-se dos crimes mais graves, esta mesma sociedade, através do legislador constituinte, pelo disposto no artigo 5º, inciso XXXVIII, chamou a si a responsabilidade para o julgamento do que lhe é mais lesivo.

Chamando a si tal responsabilidade, de que poderia declinar, caso seus mais legítimos representantes ao elaborarem a Carta Política assim o tivessem deliberado, não é coerente admitir que o tenha feito para esconder-se sob o manto da secretude. Não, os representantes da comunidade, os Senhores Jurados, cidadãos de "notória idoneidade" que no Tribunal do Júri representam a própria sociedade, vêm desempenhar um papel de responsabilidade. Sua atuação, portanto, não precisa ser escondida, mas carece se dar de modo transparente até mesmo pelo efeito que *James Tubenschlak* chamou de "terapêutico" (*Tribunal do Júri*, Contradições e Omissões, Forense, 1990, pp. 110/112 e 302/306) do julgamento público, para que a sociedade e o acusado saibam como se deu aquele ato, sua forma, sua seriedade, sua lisura e seu resultado.

De outra banda, os jurados têm todas as garantias possíveis. As votações por escrutínio secreto e o poder de polícia que possui o presidente do julgamento são plenamente suficientes para a sua tranqüilidade de consciência.

Ademais, pelas normas dos artigos 792, I, e 217 do Código de Processo Penal, absolutamente sintonizadas com as novas disposições constitucionais, pode o juiz-presidente determinar a retirada do acusado ou dos circunstantes sempre que verificar que suas presenças, por qualquer meio, possam causar, objetivamente, constrangimento de molde a influenciar seriamente a decisão dos Senhores Jurados.

Somente nos casos de unanimidade, o voto do jurado será do conhecimento de todos. Nestes casos, porém, a própria unanimidade, por revelar a vontade popular prevalente, embora permita o conhecimento do voto do jurado, este estará protegido pela força da vontade social, pela própria consciência da sociedade que, diante da unanimidade, fortalece sobremaneira a decisão.

8.4. Um argumento inatacável

Já ficou cristalino, até aqui, que a Constituição Federal de 1998, ao tratar do Tribunal do Júri, inovou manifestamente, e mais, que a interpretação de todo o sistema legislativo referente ao Tribunal do Júri, se efetivada de modo unitário e coerente conduz à conclusão da extinção das "salas secretas" para os julgamentos do Júri Popular.

Mas existe mais um argumento que reputo incontestável, senão vejamos.

A anterior disciplina do Júri, contida no artigo 153, 18, da Constituição Federal de 1969, além de reconhecer a instituição, tão-somente dispunha sobre sua competência, deixando ao legislador ordinário organizá-lo como melhor lhe aprouvesse, desde que não alterada sua competência, pois era a única norma prevista constitucionalmente.

O constituinte de 1988, ao reconhecer, no artigo 5º, inciso XXXVIII, da Carta Magna, a instituição do Júri, constitucionalizou, nas letras *a* até *d* do dispositivo, seus princípios basilares, fazendo-os intocáveis pelo legislador ordinário ao disciplinar sua organização. O legislador anterior, portanto, somente tinha a limitação constitucional da competência, podendo organizar o Júri com maior amplitude.

Assim, estabeleceu que as votações dos quesitos se daria em uma sala especial, que também chamou de "secreta" (art. 476 CPP), e que a esta votação poderiam presenciar as pessoas enumeradas no artigo 481 do Código de Processo Penal.

A estas pessoas, o próprio Juiz, o Promotor de Justiça, os Advogados, o Escrivão e os Oficiais de Justiça, o legislador ordinário concedeu, e o fez de acordo com sua competência legislativa, o direito e a obrigação de assistirem ao julgamento. Através da coleta dos votos em urnas indevassáveis, fez valer contra todos, inclusive os próprios jurados, o sigilo dos votos, e somente contra o réu e o público em geral, o sigilo do momento da votação.

Erigido, a partir de 1988, à categoria de norma constitucional, "sigilo das votações" já não pode, ao talante do legislador ordinário, valer contra alguns, e não perante outros. Agora, obrigatoriamente o "sigilo das votações" vale contra todos, pois o artigo 5º, *caput* da nossa Carta Política estabelece a igualdade de todos perante a lei, e em seu inciso XLI, veda qualquer discriminação atentatória dos direitos e liberdades fundamentais... e o Júri foi reconhecido entre os direitos e garantias fundamentais.

Nesta altura do debate já é fácil concluir que a única interpretação viável para assegurar-se, como quer a Constituição Federal , "o sigilo das votações" perante todos nos Tribunais do Júri, sem qualquer distinção, é aquela segundo a qual este diz com o conteúdo dos votos dos Senhores Jurados que não serão jamais, mercê de sua tomada pela via do escrutínio secreto, em urna indevassável manuseada por Oficiais de Justiça, conhecidos pelos demais jurados e pelas pessoas elencadas no artigo 481 do CPP, exceto quando a votação tiver resultado unânime.

Ainda deve ser lembrado que, sendo evidentemente vedado à lei ordinária excepcionar o texto constitucional, não poderia o artigo 481 do Código de Processo Penal, se o "sigilo das votações" significasse o sigilo de todas as circunstâncias em que os questionários são votados, autorizar a presença na chamada sala secreta ou especial, do escrivão, dos oficiais de justiça, do acusador e do defensor, pois esta exceção não está no texto constitucional, e a lei ordinária por si, não poderia criá-la contra o princípio constitucional do "sigilo das votações" contido no artigo 5º, inciso XXXVIII, letra *b*, da Carta Magna.

A interpretação proposta a respeito do tema, nestas condições, permite não negar vigência ao dispositivo, fazer da letra constitucional preceito vivo e realizar as votações como estabelecem os artigos 485, 486 e 487 do Código de Processo Penal que mantêm convívio harmônico com o novo texto constitucional. E conseqüência lógica desta visão do dispositivo, é fazer valer o sigilo das votações, princípio para o qual não há exceção constitucional, frente a todos *erga omnes*, inclusive frente às pessoas elencadas no artigo 481 que em face do escrutínio secreto, não terão conhecimento do teor dos votos de cada um dos jurados.

8.5. Conclusão

A Constituição Federal de 1988, ao constitucionalizar como regra geral obrigatória a publicidade de todos os julgamentos do Poder Judiciário e atos processuais em geral e os princípios da plenitude da defesa, do sigilo das votações, da soberania dos veredictos e da competência para o julgamento dos crimes dolosos contra a vida, informadores do Júri, sem resquício de dúvida inovou na matéria.

Estas normas constitucionais, de outra banda, examinadas dentro de todo os sistema legislativo pátrio conduzem, inapelavelmente, à conclusão de que, nos Tribunais do Júri, já não mais é possível cobrir com o manto da secretude o momento do julgamento, se não em nome da publicidade do ato, para que se torne letra viva e vigente contra todos o princípio do sigilo das votações.

O Professor *Fernando da Costa Tourinho Filho*, na edição de 1992 de sua *Prática de Processo Penal*, afirma que: "A Constituição reclama a sigilação das votações, a sala secreta, não. Pelo contrário. Até mesmo os julgamentos realizados pelos Tribunais, antes realizados secretamente, passaram a ser públicos. E por que razão os julgamentos pelo Tribunal leigo não o pedem? Se, por acaso, eles devessem trocar idéias a respeito, tal como ocorre com o escabinado, vá lá. Mas no nosso Júri, os jurados sequer podem conversar entre si. E o voto é dado sigilosamente." (Saraiva, 1992, p. 171).

Rene Ariel Dotti, no artigo citado, comentando a nova postura que está a nascer, arremata, afirmando que: "Parece-me também ser esta a melhor e mais generosa perspectiva doutrinária para o dispositivo constitucional que proclama - como nenhuma Carta Política anterior o fizera - a publicidade dos julgamentos de todos os órgãos do Poder Judiciário". As exceções ao princípio são clara e exaustivamente estabelecidas na própria Constituição ao declarar que a lei poderá, "se o interesse público o exigir, limitar..." (art. 93, - IX). "E mais especificamente 'a lei só poderá restringir a publicidade dos atos processuais quando a defesa da intimidade ou o interesse público exigirem.' (art. 5º LX)." (*Revista dos Tribunais*, vol. 677, pp. 330/337).

A doutrina mais antiga igualmente já manifestava a aspiração de chegar-se, na questão do Júri, à realização da votação na sessão pública de julgamento. No particular, *Magarinos Torres* aduz que "Poder-se-á opinar, com boas razões, por effectiva publicidade não do vóto, mas da votação, o que a lei não adaptou, adstricta que é à fiscalização das partes interessadas; mas já é alguma coisa, como passo para aquelle ideal e, ao mesmo tempo, freio a abusos de presidentes de Jury, influindo sobre a conducta dos jurados, apezar da prohibição das leis... ou, pelo menos, freio e correctivo à maledicencia de muitos quanto a essa supposta influencia e imaginarios abusos do juiz na sala secreta." (ob. cit., p. 465)

Na segunda Vara do Júri de Porto Alegre, da qual o signatário é titular do 2º Juizado, a partir de 26 de outubro de 1992, passou-se a adotar a postura de realizarem-se as votações dos quesitos, embora por escrutínio secreto, na sessão pública de julgamento na forma dos dispositivos contidos nos artigos 93, IX, e 5º, XXXVIII e XL, da Constituição Federal.

Em todos os julgamentos realizados nos moldes em que defendemos os trabalhos chegaram a bom termo sem que qualquer incidente tenha empanado o julgamento. Sobreveio, além disso, número idêntico de decisões condenatórias e absolutórias, e nos recursos que foram interpostos não foi alegado qualquer prejuízo às partes pela realização da votação em público.

Os agentes do Ministério Público até aqui designados para aquele orgão judicial, porém, não concordando com a postura de seu titular, têm ajuizado, perante o Tribunal de Justiça do RS, recursos de Correições Parciais com pedido de liminares as quais têm sido deferidas para suspender os julgamentos ou determinar qua as votações se realizem na "sala secreta".

Inobstante, o Desembargador Sergio Gischkow Pereira, da 2ª Câmara Criminal daquele Tribunal, negando os pedidos de liminares, tem asseverado que "Em termos substanciais, o que fez o Magistrado foi aplicar a regra constitucional de serem públicos *todos* os julgamentos efetuados pelo Poder Judiciário. "Não está sendo quebrado o sigilo das votações, também preservado pela Carta Magna." (Correição Parcial nº 692.142.789, 2ª Câmara Criminal do TJRGS).

Como se nota, a melhor doutrina já caminha no sentido de aceitar e defender a efetiva publicização dos julgamentos pelos Tribunais do Júri como apanágio necessário da democracia incipiente que se estabeleceu em nosso País com a Carta Política de 1988.

A jurisprudência de nossos Tribunais, tradicionalmente mais conservadora, se percebe, lentamente começa a segui-la, e sua evolução dependerá muito da postura que os juízes de primeiro grau, que presidem os Tribunais do Júri, venham a adotar.

O homem, mercê de sua própria evolução, tem o poder de mudar o curso dos rios, de alterar o relevo do planeta, mudar-lhe o clima e viajar pelo sistema planetário. Inobstante esbarra, muitas vezes, na busca incessante de sua maior dignidade, em seu próprio conservadorismo, que o impede de avançar.

Tenho a mais tranquila certeza, entretanto, que a tese que ora se defende será, em breve dias, adotada pela maioria dos Juízes-Presidentes dos Tribunais do Júri e, não muito depois, sufragada pela melhor jurisprudência.

Disse o eminente Rui Barbosa sobre as inovação propostas ao Júri Popular: "Há, em verdade, na questão do júri, duas classes de reformadores distintas: A dos seus adeptos que, crentes na eficácia da instituição, se empenham em aperfeiçoá-la; e a dos seus antagonistas que, mediante providências inspiradas no pensamento oposto, buscam cercear e desnaturar progressivamente essa tradição até que a eliminem."

Coloquemo-nos entre os primeiros.

9.
O Concurso de Pessoas e sua Quesitação no Júri

Carlos Rafael dos Santos Júnior
Desembargador do TJRS

SUMÁRIO: 9.1. Colocação do problema; 9.2. O artigo 29 do CP e o contraditório; 9.3. Concurso de pessoas e denúncia; 9.4. Concurso de pessoas e instrução criminal; 9.5. Concurso de pessoas, sentença e pronúncia; 9.6. Concurso de pessoas, libelo e quesitos no Júri; 9.7. Conclusão.

9.1. Colocação do problema

Tema que tem sido objeto de debate nos últimos tempos, e em especial até no Estado do Rio Grande do Sul após polêmico julgamento pelo Tribunal do Júri da Capital em que resultaram condenados seis agricultores integrantes do Movimento dos Colonos Sem Terra, pela morte de um Policial Militar durante manifestação política, é o da quesitação da co-autoria genérica, com as palavras de lei (art. 29 do CP: "...de qualquer modo..."), ao Conselho de Sentença.

Ocorre que, em nosso sistema jurídico, todos aqueles que, de qualquer modo, prestarem concurso a uma ocorrência delituosa, incidem nas penas cominadas a dito ilícito, na medida de sua culpabilidade, tudo nos termos do artigo 29 do Código Penal em vigor.

Nestas condições, e na esteira da doutrina mais antiga, e de jurisprudência ainda recente, os juízes-presidentes da maioria dos Tribunais do Júri do País têm quesitado, ao Conselho de Sentença, o concurso de pessoas com a forma "... concorreu de qualquer modo...", repetindo a letra do citado artigo 29 do CP, além de eventual quesito sobre a forma específica de concurso, prestado pelo agente, descrita no libelo.

Referido quesito, na ótica do articulista, tendo em vista os termos da legislação Constitucional, penal e processual penal vigente, contraria frontalmente o sistema jurídico processual atual, significa grave prejuízo ao réu e se apresenta absolutamente ilegal diante da realidade legislativa brasileira, o que se tem a pretensão de demonstrar através deste breve trabalho.

O tema, de fato, não é novo, posto já ser fonte de debate nos Tribunais, de que é exemplo o acórdão do TJRGS na ACr 684026982, julgada em 1985, quando votou vencido o eminente Desembargador Marco Aurélio Costa Moreira de Oliveira, sustentando a nulidade de quesitação genérica.

De qualquer sorte, espera-se contribuir para o debate e, quem sabe, para a esperada superação definitiva de antiga postura.

9.2. O artigo 29 do CP e o contraditório

O artigo 29 do Código Penal em vigor, em seu *caput*, estabelece que "Art. 29. Quem, de qualquer modo concorre para o crime incide nas penas a este cominadas, na medida de sua culpabilidade". A disposição legal consubstancia o acolhimento, pelo legislador de 1984, que na forma da Lei nº 7.209/84 operou a reforma do Código Penal, da teoria chamada objetivo-subjetiva, que introduziu em nosso sistema penal teses finalistas da ação delituosa, mantendo a chamada autoria do fato típico àquele que detenha o domínio sobre a ação e chamando de partícipe a quem, embora realize atos que auxiliem na produção do resultado, não mantivesse o domínio da ação, podendo abortar o resultado.

Inobstante o agente deva responder, nos termos da lei, por haver de qualquer modo concorrido para o resultado típico, *a forma de sua participação no evento deve ser objeto de descrição na denúncia, de pesquisa probatória e de exame na sentença, pois de outro modo não se poderá atender, sequer, aos termos dos parágrafos 1º e 2º do próprio artigo 29*, os quais determinam o exame da vontade em participar de crime menos grave, de prestar auxílio de somenos importância ao delito ou, mesmo, de ter agido com culpabilidade de maior ou menor intensidade.

O dispositivo em exame, acolhendo princípios finalísticos, não aceita, por seus próprios termos, que a acusação formulada ao réu não seja precisa e clara, tendo em vista que exige pelo menos a verificação de eventual co-autoria ou mera participação, bem como que se afira o grau da culpabilidade dos vários agentes do delito.

Além disso, a Constituição Federal em vigor erigiu a garantia individual do cidadão o respeito ao princípio do contraditório na instrução criminal (art. 5º - LV), contraditório este que, para não se resumir a letra morta deve conduzir a que, sempre, os acusados, em processo judicial ou administrativo, possam contrariar os fatos que lhes são imputados, a chamada "ação violadora" da norma como com maestria definiu *Espínola Filho*.

Com efeito, citado por *José Cirilo de Vargas* (*Processo Penal e Direitos Fundamentais*, Del Rey, Belo Horizonte, 1992, p. 148), *Joaquim Canuto Mendes de Almeida*, já em 1937 definia o princípio do contraditório como "... a ciência bilateral dos atos e termos processuais, e possibilidade de contrariá-los." (*A Contrariedade na Instrução Criminal*, Saraiva, S. Paulo, 1937, p. 110).

Tourinho Filho, em seu conceituado *Processo Penal*, Jalovi, 1977, Bauru, p. 42, traz definição própria do princípio em exame ao afirmar que "O réu deve conhecer a acusação que se lhe imputa para poder contrariá-la, evitando assim possa ser condenado sem ser ouvido."

Nestas condições, seja em respeito ao princípio do contraditório, que pressupõe o conhecimento pelo acusado da acusação que se lhe faz, seja pela necessidade de que se afira, diante do conteúdo finalístico do concurso de agentes adotado pelo Código Penal, a real conduta de cada um dos concorrentes, embora a letra da lei refira que o concurso possa ser prestado "de qualquer modo", para cada um dos concorrentes o modo de auxílio ou concurso deve vir expresso na acusação, como se verá adiante.

9.3. Concurso de pessoas e denúncia

Definindo a peça inicial da ação penal, *Borges da Rosa* afiança que "... é a exposição do fato criminoso." (*Processo Penal Brasileiro*, 1982, RT, p. 128).

Com efeito, entre as exigências do artigo 41 do Código de Processo Penal em relação à peça de denúncia, em posição destacada, desponta o requisito da descrição (exposição) do fato tido como criminoso pelo iniciador da demanda penal.

Evidentemente a exigência legal não se encontra gratuitamente no dispositivo. É que é da essência dos regimes democráticos, que toda a pessoa a quem seja articulada acusação de prática criminal, obrigatoriamente conheça o fato que lhe é imputado, para poder negá-lo, admiti-lo parcialmente modificando-lhe as conseqüências ou até mesmo confessá-lo, dando-se por culpado e responsável pelo evento danoso.

Esta sempre foi a conclusão da doutrina mais abalizada sobre a matéria. "Compreende-se a exigência da lei, que tem o fito não só de dar à acusação linhas nítidas que permitam o desenvolvimento lógico e regular do processo, como, principalmente, oferecer ao acusado referências certas e inequívocas que lhe permitam defesa clara e completa" (STF, DJU de 29.09.59, p. 3.325). Note-se quão antiga a postura que, inadvertidamente, por vezes, se está a negar.

Verdade, sem dúvida, que no curso de ação penal pode o seu autor, normalmente o órgão do Ministério Público, alterar ou acrescer à denúncia alguma nova circunstância, mercê de aditamento. Nesses casos, entretanto, "A inclusão de imputação de fato novo, não contido na denúncia, por intermédio de aditamento, exige que o réu sobre ele seja interrogado, seguindo-se a abertura de vista para a defesa prévia (RT, 494/369, *apud Damásio de Jesus, CPP Anotado*, Saraiva, p. 37), acrescente-se, para nova defesa prévia se já houver ofertado uma após o interrogatório.

Entretanto, é curial, mas talvez por óbvio esquecido pela doutrina, que ao juiz é necessário o conhecimento do fato dado pela acusação como criminoso, posto que será ele que, examinando a matéria, ditará o grau de reprovabilidade social que o evento merece, estabelecendo a retribuição penal que as normas de convívio da sociedade lhe impõem. E os juízes, nos Tribunais do Júri, são os Senhores Jurados.

Outra não é a conclusão a que se chega pelo exame do inciso I do artigo 43 do CPP, que determina ao juiz a rejeição da denúncia quando o fato narrado evidentemente não constituir crime, e do artigo 381, incisos II e III do mesmo Diploma Legal, por cuja letra deve o magistrado, ao decidir a lide penal, lançar na peça decisória a suma da acusação (para mostrar que a conhece) e a indicação dos motivos que a conduziram à conclusão.

Nestas condições, evidencia-se a necessidade, em se tratando de concurso de pessoas, que na denúncia estejam descritas as ações de cada um dos concorrentes, posto necessário para que, inicialmente, o juiz verifique se a ação de cada um dos acusados constitui, ou não, fato em tese criminoso, pois a resposta negativa a esta indagação tem séria conseqüência jurídica, a rejeição da peça incoativa (art. 43, I do CPP); para que seja o acusado perguntado, no momento do interrogatório (arts. 188, VII, e 190 do CPP) sobre sua ação e concurso para o fato típico; para que no momento da pronúncia o juiz possa examinar se os indícios da autoria apontam o acusado como passível de ser julgado pelo Júri Popular (art. 408 do CPP); e para que no momento de decidir, de prolatar o ato de império estatal por excelência que é a sentença, seu prolator possa motivar clara e precisamente eventual condenação ou a absolvição de cada um dos acusados (art. 381, II e III, do CPP), e o Jurado, nos processos da competência do Tribunal do Júri, tomar sua decisão com clara visão do concurso prestado por cada um dos agentes e a forma de sua participação.

9.4. Concurso de pessoas e instrução criminal

Examinando o Código de Processo Penal em vigor, já nas disposições gerais sobre a prova, flagra-se, no artigo 156, comando determinando à parte que traz a juízo determinada alegação, o ônus de demonstrá-la. Como afiança *Damásio de Jesus*, em seu *CPP Anotado* (5ª edição, Saraiva, pp. 118/119), "... a prova deve ser feita por quem alega o fato, a causa ou a circunstância...", e arremata, firmando que "Em relação aos delitos materiais, a prova acusatória deve estender-se à demonstração da realização da conduta, da produção do resultado e do nexo de causalidade entre um e outro..."

A defesa, de outra banda, incumbe, além de negar eventualmente os fatos articulados na denúncia, fazer-lhes contraprova, *v.g.*, afirmando e procurando demonstrar eventual circunstância que afaste a possibilidade da conduta incriminada (álibi), ou, ainda, lhe dando conotação descriminada, como quando alega alguma causa que exclua a antijuridicidade (argüição de legítima defesa), ou isente o réu de pena (inimputabilidade).

Ora, do perfunctório exame do citado artigo 156 do CPP deflui, desde logo, a conclusão de que somente as alegações das partes, em tese, devem ser objeto de pesquisa durante a dilação probatória, despicienda a utilização dos meios de prova descritos na lei para demonstrar fatos não narrados na peça acusatória ou trazido nas alegações do acusado em seu interrogatório ou na defesa preliminar (arts. 188, VII, e 395 do CPP).

Assim, toda a instrução criminal se direciona para a produção de prova sobre as alegações das partes. Logo, a própria prova, que é fundamental para o deslinde da lide penal, que vai conduzir o juiz (togado ou leigo, caso do Tribunal ao Júri) a obter uma conclusão sobre o fato examinado, somente sobre os fatos descritos e narrados na inicial e defesa prévia se materializa.

Nesta ótica, versando a prova somente sobre os fatos trazidos pelas partes, em especial pela denúncia ou queixa, se o fato descrito na inicial não estiver corretamente exposto, se circunstância elementar do delito ou fato que o modifique tiver sido omitido na inicial, não será objeto de prova. Ocorrente esta situação, quando se chegar ao momento fundamental do processo, o da decisão da causa, não se terá nos autos prova acerca de fatos que não tenham sido trazidos na inicial (ou em aditamento) contra o acusado.

Nestas condições, se estivermos diante de um caso de concurso de agentes, no caso de não se haver descrito na inicial, claramente, a ação de cada um dos concorrentes, não se poderá produzir prova sobre a ação de cada um dos indigitados agentes. Será, inclusive, impossível ao Ministério Público ou ao querelante, como afirma *Damásio de Jesus* (ob. cit.) sequer demonstrar a "...realização da conduta..." de cada um dos agentes, posto que não descrita na inicial esta conduta.

No Tribunal do Júri, de outra banda, sem dúvida vigentes os mesmos princípios e aplicáveis os mesmos dispositivos legais, durante a instrução se examinará e produzir-se-ão provas sobre o que contiver a denúncia. A pronúncia se manifestará sobre a forma de concurso descrita na inicial, e o libelo somente sobre forma de ação do agente poderá encaminhar a acusação. Mesmo porque, somente sobre a forma ativa ou omissiva constante da denúncia foi produzida prova, sobre qualquer outra não podem os Senhores Jurados ser questionados, pois sobre esta outra suposta conduta, não se terá produzido prova e tampouco sido ouvido o acusado.

9.5. Concurso de pessoas, sentença e pronúncia

Outras situações, previstas por nosso ordenamento jurídico nos artigos 383 e 384 do Código de Processo Penal, e que conduzem igualmente à conclusão buscada neste trabalho, são as que ocorrem quando, em desconformidade com a acusação inicial, ao prolatar a sentença, o juiz flagra circunstância, de fato ou de direito, diversa daquela trazida na inicial como motivo do pedido de atuação do *jus puniendi* estatal.

Duas diferentes formas de constatação de divergência entre a peça incoativa da ação penal e a situação verificada pelo juiz ao final da instrução podem ocorrer. A primeira, quando o juiz verifica que, embora narrando atuação do acusado que consubstanciaria a prática de um determinado crime, o Ministério Público, ao tipificar o ilícito, dá o agente por incurso em dispositivo diferente daquele que agasalha o ilícito narrado, e a segunda, quando após o exame da prova, o magistrado percebe que a narração do fato na denúncia está em desacordo com a realidade demonstrada pela prova.

No primeiro caso, se está diante do que dispõe o artigo 383 do Código de Processo Penal, que afirma em nosso sistema jurídico-penal o princípio da *emendatio libelli*, segundo o qual o juiz, percebendo que a ação narrada está de acordo com os atos do agente, e que tão-somente o preceito alegadamente transgredido foi equivocadamente lançado, dá nova definição jurídica ao fato (este idêntico ao narrado na inicial), e julga o processo de acordo com sua convicção, podendo absolver ou condenar ainda que tenha que aplicar ao réu pena mais grave do que a cominada pelo tipo penal trazido na inicial.

Note-se que, no exemplo versado, o fato não se alterou, tão-somente o seu *nomen juris*, este representado pelo dispositivo (o artigo de lei) citado na denúncia ou queixa como tendo sido infringido pelo acusado.

Aplicando-se tal princípio, inobstante o agente possa ser condenado a pena mais grave do que a cominada pelo dispositivo erroneamente lançado na peça incoativa "... não se pode alegar surja, em rigor, uma surpresa para o acusado, pois tomou a si, no processo, fazer a defesa a respeito da ação violadora da lei penal, que a denúncia lhe imputa, e não, do delito aí capitulado." (*Espínola Filho, CPP Anotado,* 1941, Ed. Histórica, Rio de Janeiro, Vol. IV, p. 78).

Nenhuma surpresa, como se vê, decorre para o agente, já que o fato narrado na inicial, diante de condenação, foi o mesmo pelo qual se viu sancionado e como diz o mestre, a defesa é exercida contra a "ação violadora" atribuída ao acusado pela inicial.

Diversa é a situação que ocorre quando o juiz percebe que o fato narrado na denúncia ou queixa não está de acordo com o acontecimento fático trazido ao exame judicial, comine este novo fato ou não, pena mais grave do que a constante da peça inicial.

Note-se, por fundamental, que aqui se está diante da presença de circunstância, isto é, circunstâncias como diz *Borges da Rosa*, "...assim chamadas porque figuram como elementos do crime, entram em sua constituição..." (*Processo Penal Brasileiro*, 1982, RT, p. 483), e completamos nós, que com sua presença, ou não, têm a capacidade de alterar o próprio fato trazido ao exame do Judiciário, e de conseqüência também a disposição legal transgredida.

Nesta segunda hipótese, em que se vê o fato alterado pela presença de qualquer elemento novo, como o agente defende-se do fato, e jamais do dispositivo em que é dado como incurso, verifica-se alteração na própria acusação, e em razão disso não pode o juiz prolatar sentença condenatória, mas deve ouvir a defesa no prazo de três dias (art. 384, *caput*) ou fazer o processo com vista ao Ministério Público para o oferecimento do aditamento, reabrindo-se prazo a defesa para nova produção probatória sobre o "novo fato" que se passa a examinar (art. 384, parágrafo único, CPP).

Neste diapasão, percebe-se cristalinamente que o próprio espírito da lei processual penal é de que, toda a vez que o fato estiver claramente narrado, que a ação dada como delituosa estiver prescrita com precisão, que, como diz *Espínola Filho*, a "...ação violadora..." da norma de conduta for apontada de forma inteligível ao acusado, como é desta atuação fática que o réu se defende, pode e deve o magistrado julgar o feito conforme sua convicção, ainda que imponha ao agente pena maior do que aquela que decorreria da aplicação da sanção contida no dispositivo trazido na peça inaugural da ação penal.

Entretanto, toda a vez que o fato do qual o acusado se deve defender não esteja claramente descrito, sempre que a "... ação violadora..." não seja aquela que foi dada a conhecimento do agente por ocasião de seu interrogatório, não é lícito, e representa gravame ao acusado e violação iniludível do princípio do contraditório, hoje constitucionalizado, prolatar-se decisão condenatória. Nos Tribunais do Júri, ao final da instrução, o juiz-presidente prolata o chamado despacho ou sentença de pronúncia. Nesta decisão, embora seja certo que não se deve aprofundar no exame da prova colhida na instrução, até mesmo a fim de não influenciar a decisão dos Jurados, obrigatoriamente deverá decidir sobre a existência, ou não, de "indícios suficientes de que o réu seja o seu autor", do fato narrado na inicial bem entendido, e cuja materialidade deverá estar demonstrada (Art. 408 do CPP).

Para se perquirir da existência de indícios da autoria de um fato criminoso, obrigatoriamente se deverá examinar, ainda que superficialmente, a prova dos autos. Examinada esta prova, poderá o juiz, ausentes indícios de que o réu tenha praticado a conduta descrita na inicial, ainda assim pronunci-á-lo por perceber alguma outra forma de atuação que tenha prestado concurso à produção do resultado?

Evidentemente a resposta somente pode ser negativa, pois tal circunstância consubstanciaria violação grave do princípio do contraditório, posto que, somente na fase de pronúncia flagrada a nova conduta concorrente para o resultado, sobre ela não se terá ouvido o acusado. A solução, s.m.j., estará em utilizar-se idêntica providência do artigo 384, parágrafo único, do CPP, abrindo-se vista ao Ministério Público para, se o entender, aditar a denúncia acrescendo a nova forma de concurso flagrada na instrução.

De tudo se conclui que, seja na sentença final, seja na decisão ou despacho de pronúncia nos Tribunais do Júri, somente a conduta concorrente imputada ao acusado pode ser objeto de exame pelo juiz, inviável, por violação dos dispositivos dos artigos 383 e 384 do CPP, e do artigo 5º, inciso LV, da Constituição Federal, a condenação do agente, ou sua submissão ao Júri Popular, por ações diferentes daquelas que vieram descritas na peça inicial e foram objeto de conhecimento pelo réu e de produção probatória.

9.6. Concurso de pessoas, libelo e quesitos no Júri

Restringindo-se o exame da matéria, até aqui genericamente versada, aos feitos da competência do Tribunal do Júri, verifica-se que, passada em julgado a decisão de pronúncia, a qual tem o condão de remeter o agente para julgamento pela Corte Popular, nos termos dos artigos 417 a 421 do CPP, o Ministério Público (ou o acusador particular em casos raríssimos) deverá oferecer o libelo-crime acusatório.

O libelo, nos processos da competência do Júri Popular, é a peça que resume, em artigos claros e precisos, a acusação admitida contra os réus pela decisão de pronúncia. *Hermínio A. M. Porto* sustenta que o libelo "... desdobra racionalmente a classificação penal fixada pela decisão de pronúncia." (Júri RT, S. Paulo, 1987, 5ª edição, p. 97), e assevera que tal peça deve guardar íntima correlação com a decisão de pronúncia, na qual tem sua fonte, posto que deve "... articular a classificação penal que esta decisão fixou." (Ob. cit., p. 96).

Segundo o artigo 418 do CPP, o juiz não receberá o libelo a que faltem os requisitos legais. Ora, tendo o libelo origem na decisão de pronúncia, desta não se pode afastar, sob pena de faltar-lhe um dos requisitos essenciais e ser rejeitado.

Nos casos de concurso de agente, a doutrina é unânime já há tempos sobre a necessidade de que o primeiro artigo do libelo, e posteriormente a quesitação aos Senhores Jurados (art. 484-I CPP), que deve versar sobre o fato principal, seja lançado de forma impessoal, posto que, caso contrário, "... Se os julgamentos fossem separados (CPP, art. 461), e julgado primeiro um deles, já estaria o outro pré-julgado pelo Júri (TJSP, RT 496/265)." (*Marrey, Franco, Camargo e Stoco*, Júri, RT, S. Paulo, 2ª ed., 1986).

Conseqüentemente, a seguir, se deverá perquirir da atuação de cada um dos concorrentes para a produção do resultado, devendo o libelo formular a acusação no que diz com a ação violadora de cada um dos concorrentes. Ocorre que, a par de articular contra os diferentes agentes a acusação de haver concorrido para o resultado pela forma descrita na denúncia, objeto da prova e da decisão de pronúncia, amiúde o Ministério Público acresce à acusação, nesta fase, um quesito genérico afirmando que o agente concorreu, "de qualquer modo", para o crime em exame.

A rigor, o libelo que contenha tal artigo, por dissociar-se da decisão de pronúncia induvidosamente, deveria ser rejeitado na forma do artigo 418 do CPP. E, no caso de recebido, não pode o juiz, no momento de formular os quesitos aos Senhores Jurados, incluir no questionário tal forma de concurso. É que a acusação deve ser precisa e clara, e sobre esta forma de concurso ou auxílio prestado pelo réu ao fato criminoso, da qual se defendeu e produziu prova, é que será perguntado o jurado.

Por outro lado, se várias as formas de atuação de que acusado o agente, muito bem, que se façam tantos quesitos quantos forem estas ações, mas desde que estas tenham sido articuladas na denúncia, objeto da prova, examinadas na pronúncia e, agora, trazidas no libelo.

Em caso contrário, se estará formulando acusação genérica, vazia, em branco, e possibilitando ao juiz leigo imaginar novas formas de concurso que porventura lhe assolem a mente no momento da votação. A conseqüência é extremamente perigosa, haja vista que, formulada acusação de participação de um dos agentes do fato na forma de disparar tiros, e negada esta pela unanimidade dos jurados, a formulação do quesito genérico, em seguida, possibilitará até mesmo a condenação do agente porque um dos jurados acredite que tenha concorrido por passar simplesmente pelo local, por ter deixado a arma malguardada, o terceiro porque omitiu-se de socorrer a vítima e assim por diante, havendo viabilidade mesmo de decisão condenatória unânime, sem que o acusado, o acusador, a defesa e os próprios jurados saibam, afinal, por que ato praticado pelo réu operou-se a condenação. Tratar-se-ia de verdadeira aberração jurídica.

9.7. Conclusão

Como se viu, por aplicação do princípio constitucional da instrução contraditória ditado pelo artigo 5º, inciso LV, da Carta de 1988, e das disposições processuais vigentes que regulam o processo penal e dizem respeito à denúncia, à instrução, à sentença de pronúncia, ao libelo e aos quesitos, os últimos específicos do processo da competência do Tribunal do Júri, a acusação, sempre, desde a denúncia, deve ser certa, clara, objetiva, a fim de que o acusado possa dela conhecer e contra ela produzir prova, impossível a acusação genérica e sua presença nos questionários aos jurados na Corte Popular.

A doutrina, ao que parece de forma praticamente unânime, já adota tal postura, como se observa pelo exame das edições mais atuais de *Marrey, Franco e Stoco*, (ob. cit., 4ª ed., 1991, pp. 358/362) e *Hermínio M. Porto* (*Júri*, RT, 1990, p. 205) – embora este último ainda admita a quesitação genérica quando ocorrer o que chama de "complexa" colaboração -, e a jurisprudência já se move em rumo idêntico, do que são exemplos as decisões encontradas na RJTJRGS, 149/185, e RT, 591/361.

Não obstante tal avanço, ainda se encontram decisões em contrário, como as que constam nas ementas seguintes: RJTJRGS, 101/140, 114/128 e 116/65; e RT, 588/356, e 617/293 e 326.

Embora versando sobre concurso de agentes em crime da competência do juiz singular, cabe aqui transcrever as palavras do eminente Ministro *Vicente Cernichiaro*, ao relatar o RHC 759, SP, 6ª Turma, em 25.06.91: *"Sabido, importante, fundamental é a narração do fato (...). O réu se defende da imputação. Não importa a capitulação normativa dada pelo Ministério Público."*

"Em atenção, por outro lado aos princípios do contraditório e da defesa plena, o fato precisa descrever o delito, em todas as suas características, vale dizer, os elementos constitutivos e as circunstâncias. Evidentemente, como decorre de conduta comissiva ou omissiva, e tal conduta é relevante, *obrigatoriamente deve indicar, em caso de pluralidade subjetiva, o comportamento de cada um.* Este pormenor é ínsito, inseparável do contraditório. Inalienável em regime democrático."

Data venia, é indispensável individualizar a participação específica de cada agente."

Cabe, finalmente, perguntar-se se, devendo a denúncia descrever a conduta de cada agente para a prática do delito, a prova pesquisar sobre a conduta descrita na denúncia, e à decisão de pronúncia, ou à sentença, não ser lícito afastarem-se, senão com as providências dos artigos 383 e 384 do CPP, dos fatos narrados na denúncia, poderiam os jurados, juízes que de fato são no momento em que julgam, decidirem sobre conduta nova, da qual não se falou ainda, embora todos os atos processuais já realizados.

A resposta a que se chega, sem necessidade de exercício dialético maior, é negativa, e sendo assim, não há mais como, *data venia*, sustentar-se a quesitação, no

Júri Popular, das chamadas co-autoria ou participação genéricas.

A matéria, ao que parece, inclusive já vem sendo posta em debate nos pretórios e acolhida em vários dos Tribunais do Júri pátrios, cujos presidentes já não realizam a quesitação da co-autoria ou participação genérica aos jurados.

Cumpre, agora, que esta postura se torne unânime em nossos tribunais superiores a fim de que, finalmente, imperem os princípios constitucionais do contraditório e da ampla defesa.

10.
Juizados Especiais Criminais e os conflitos familiares

Osnilda Pisa
Juíza de Direito

Com o advento da Lei 9.099/95, além dos conflitos em diversas esferas das relações humanas (vizinhança, trânsito, etc.), aos juizados especiais criminais são apresentados os conflitos familiares. Esses relacionamentos debilitados, doentes, em adiantado estado de destruição do vínculo afetivo e do respeito entre seus membros, merecem a devida atenção do Poder Judiciário.

Não é exceção, a vítima de ameaças e agressões físicas, ocorridas no seio familiar, buscar tão-somente uma solução para o conflito familiar, ao invés de pretender efetivamente a punição do autor do fato. Sem qualquer valia para o cônjuge, filhos, pais ou irmãos ofendidos, física ou moralmente, continuarem sendo vítimas das ofensas, em que pese a transação efetuada pelo agressor com o Ministério Público.

Na maioria dos casos, os autores do fato são dependentes de drogas, especialmente do álcool, ou apresentam distúrbios de personalidade. A violência no lar, modo geral, envolve todos os componentes, criando e alimentando o abuso. É necessário um corte nessa corrente para fazer cessar a violência.

As vítimas vêem na comunicação da violência, contra elas praticada, uma forma de fazer cessar a dor existente nessa relação familiar. São pessoas que buscam na justiça criminal o rumo, a orientação, a solução para os problemas domésticos. A própria atuação do autor do fato, às vezes, é a forma pela qual aquele ente familiar quer demonstrar que precisa de ajuda. O psicanalista *Valério Albisetti* (*Terapia do Amor Conjugal*, editora Paulinas) sugere que se observem os comportamentos agressivos do parceiro como uma tentativa de autoproteção, de defesa.

Deste modo, a criminalidade de menor potencial ofensivo (ameaça, agressão, lesão, etc.), quando envolve a família, impõe uma especial atenção dos operadores do direito, com profunda investigação das relações familiares, porque esse pequeno delito, na maioria dos casos, é sintoma de grave problema, é o grito de alerta dos componentes desse tipo de relacionamento.

É preciso, pois, que essa espécie de criminalidade receba tratamento adequado, única forma de se evitar o cometimento de crimes mais graves (lesões graves e morte). As vítimas ao tomarem coragem para "denunciar" um membro da família o fazem na tentativa desesperada de fazer cessar a dor, tanto aquela decorrente das infrações penais como da destruição dos laços familiares.

É certamente frustrante para as partes quando, no dia, hora e local indicados para solucionarem suas vidas (este é seu pensamento), perceberem que seus graves problemas, para o Judiciário, são "infrações de menor potencial ofensivo", mais um TC (termo circunstanciado), um inquérito policial ou um processo que precisa ser solucionado, ser excluído dos mapas. E o interesse (problema) da vítima? E o problema da família?

Na Lei 9.099/95, que criou os Juizados Especiais Criminais, inspirada no modelo político criminal "consensuado", os interesses da vítima sobrepõem-se à pretensão punitiva do Estado.

Destarte, ao cuidar de infrações cometidas no seio familiar, o juiz deve se assemelhar ao "juiz do futuro" descrito por *Eliezér Rosa* (*A Voz da Toga*, Barrister's Editora):

"Tenho para mim que, num futuro, que não estará distante, a primeira instância será colegiada, assistida de psicólogos, educadores, sacerdotes e médicos. Não sei como se possa imaginar um juiz de Família e um Criminal trabalhando sozinhos, desajudados de tais elementos coadjuvadores de sua obra... Só o colegiado, em primeira instância, colaborado por especialistas nas diversas matérias que se relacionam diretamente com a vida humana, fará que se venha a ter uma boa justiça, uma justiça que sirva o homem e ao homem, na múltiplas modalidades de suas frustrações, seus medos, suas angústias, suas tormentosas dores...".

Cabe ao Poder Judiciário oportunizar o encaminhamento das partes para uma efetiva solução do problema. A família deve ser ouvida, juiz deve ouvir interiormente, ser mediador, conciliador, conselheiro e terapeuta. O ideal é que consiga colocar o espírito de cada um na morada original, no coração, para que a paz volte a reinar em cada membro e, em conseqüência, na família. Mas, se apesar de todo o esforço do magistrado, perdurar o conflito, as partes devem ser encaminhadas para tratamento adequado, a fim de solucionarem os problemas do relacionamento ou, quando exige a situação, impor um tratamento, ainda que seja através de uma avaliação psicológica/psiquiátrica.

Solucionar, adequadamente, o conflito familiar é o meio de se evitar o surgimento de outros problemas sociais e jurídicos, como a separação do casal, com os conflitos inerentes, especialmente os prejuízos para a formação da personalidade dos filhos ou até a ocorrência de mortes.

Não se olvida que a terapia conjugal e familiar deve ser buscada nos consultórios especializados, os distúrbios de personalidade, a dependência química e outras moléstias psicossociais devem ser tratadas por profissionais especializados. Contudo, como sói acontecer, poucos são os que buscam tratamento quando a moléstia está no nascedouro. Na maioria dos casos, somente após longo sofrimento, um dos membros da família, no desespero, recorre ao Judiciário suplicando auxílio para resgatar a relação do fundo do poço. Ainda quando há tentativa de se buscar acompanhamento profissional, não são raras as vezes em que o ente mais necessitado recusa o tratamento. Todavia, a recusa de submeter-se a tratamento é praticamente inexistente quando apresentada, em juízo, como medida substitutiva do processo criminal, o que pode ocorrer tanto na composição com a vítima ou como uma das condições de suspensão do processo.

Por tais razões, urge que o Poder Judiciário dê a devida relevância aos delitos que ocorrem nas relações familiares e, como timidamente vem fazendo na solução dos litígios na área de família e infância e juventude, com a colaboração de profissionais especializados, solucione os conflitos familiares que lhe são apresentados nos Juizados Especiais Criminais.

11.
Democratização do Inquérito Policial

*Paulo Cláudio Tovo**
Juiz Aposentado do TARS

SUMÁRIO: 11.1. Conceito de inquérito policial; 11.2. Valor das provas do inquérito policial; 11.3. Mas o que é prova?; 11.4. Inspiração autoritária do Código; 11.5. Inquisitoriedade imperante em todo procedimento preparatório; 11.6. Tendências após a Constituição de 1988; 11.7. A dispensa do inquérito policial no procedimento sumariíssimo da Lei 9.099, de 26.09.95; 11.8. Sentido e alcance do art. 5º, inciso LV, da Lei Maior em vigor; 11.9. Os anteprojetos de reforma setorial e o art. 431 do CPP Italiano de 22.09.88; 11.10. A busca da verdade e os direitos fundamentais da pessoa humana, no processo penal condenatório; 11.11. Erros judiciários clamorosos frutos da inquisitoriedade; 11.12. As provas inquisitoriais do procedimento preparatório e a soberania do Tribunal do Júri.

11.1. Conceito de inquérito policial

A exposição de motivos do Código de Processo Penal, de Francisco Campos, precioso repositório de

---

* Quanto à jurisprudência dominante nos tribunais pátrios sobre o valor probante incriminatório do inquérito policial, deixamos aqui consignada nossa mais sincera gratidão à inteligente pesquisa realizada pela colega *Karla Mata Schultz*.

doutrina, como que atendendo à primeira exigência gnosiológica que surge em nossos espíritos, vê o inquérito policial "como processo preliminar ou preparatório da ação penal" ou ainda "como instrução provisória antecedendo à propositura da ação penal" (o grifo é do próprio autor – ver inciso IV).

Fala em instrução provisória, sublinhada, certamente com o propósito de distingui-la da instrução definitiva ou propriamente dita, a primeira a servir de base ao juízo provisório da admissibilidade ou viabilidade da acusação e a Segunda ao juízo definitivo de condenação, se for o caso. Todavia, as coisas não são bem assim, tão estanques como possa parecer. O inquérito pode trazer em seu bojo provas que jamais serão repetidas em juízo e, portanto, induvidosamente definitivas.

De qualquer modo, não há dúvida que a finalidade última da investigação formal chamada inquérito policial[1] é ministrar elementos para que o titular da ação penal possa acusar o autor do crime e/ou da contravenção[2].

Ou, em outras palavras, para servir de base à denúncia ou queixa, *ut* art. 12 do Código de Processo Penal.

---

[1] "Seu nome – inquérito policial – é criação do Decreto nº 4.824, de 22 de novembro de 1871".

[2] Em face do art. 129, I, da Constituição de 1988: "São funções institucionais do Ministério Público: I – promover, privativamente, a ação penal pública na forma da lei" abolido restou o procedimento *ex officio* e as contravenções, que são todas de ação pública, passaram também a ser objeto de denúncia. O processo penal condenatório, nas contravenções, era até então instaurado por portaria ou auto de prisão em flagrante, expedido ou presidido pelo Juiz ou pelo Delegado de Polícia, exercendo ambos, assim, funções acusatórias e jurisdicionais, o último como um verdadeiro juiz da instrução, no chamado procedimento judicialiforme ou quase jurisdicional, a pretexto de que tais infrações, ditas liliputianas, demandavam maior celeridade. Posteriormente, em 1965, a lei 4.11 adotou o mesmo procedimento para os delitos de homicídio culposo e lesões culposas, sabiamente aplicado apenas aos delitos automobilísticos.

Cumpre, no entanto, acentuar que o inquérito policial pode servir de base também para absolver, para a decretação de medidas cautelares, pessoais ou patrimoniais, para a declaração da extinção da punibilidade etc. Por outro lado, não é absolutamente inviável que toda a prova incriminatória já esteja no dossiê do procedimento preparatório chamado inquérito policial. Basta que se tratem de elementos de convicção já prontos quando da colheita dos mesmos, como no caso do cheque, no crime de emissão de cheque sem fundos (Código Penal art. 171, § 2º, inciso VI) ou da carta cujo conteúdo seja ameaça enquadrável no art. 147 do Código Penal. A dificuldade em definir o inquérito policial radica justamente em seu caráter multifacetado, como se vê.

Falou-se em instrução, além disso, porque o inquérito policial, em última análise, é um conjunto de provas para apurar-se a verdade a respeito de fatos que possam configurar infração penal, as quais poderiam ser classificadas em: a) provas renováveis ou repetíveis em juízo; b) provas não-renováveis ou não-repetíveis (ao menos em seu todo); c) provas prontas.

11.2. Valor das provas do inquérito policial

a) as renováveis ou repetíveis, enquanto inquisitoriais, têm valor meramente informativo, não podendo assim servir de base ou sequer apoiar subsidiariamente o veredicto condenatório (sob pena de afronta ao art. 5º, inciso LV, da lei maior), nada impedindo, no entanto, que sirvam de alicerce ao veredicto absolutório;

b) as não-renováveis ou não-repetíveis deveriam, em consonância com a mesma norma, ser colhidas pelo menos sob a égide da ampla defesa (isto é, na presença fiscalizante da defesa técnica) posto que são provas definitivas e via de regra, incriminatórias (exemplos:

exame de corpo de delito, apreensão de substância tóxica em poder do autor do fato);

c) as provas prontas, sim, por estarem acabadas mesmo antes da instauração de qualquer persecução penal, não há como exigir, quanto à sua formação, pelo menos, a observância do contraditório e da ampla defesa.

Eis aí a doutrina que adotamos, com o máximo respeito aos que pensam em sentido contrário.

Temos em favor de nossa tese o incisivo pronunciamento do insigne mestre então Des. Ruy Rosado de Aguiar Júnior, hoje Ministro do Egrégio Superior Tribunal de Justiça, em seu voto no célebre caso aqui do Rio Grande do Sul, conhecido como o caso Daudt, quando disse: "... Lendo o qualificado memorial que apresentou, elaborado na casa onde tenho as minhas origens, logo se vê que inicia com as conclusões do *inquérito, que para mim são nada, pois não posso fundar na prova colhida no inquérito o juízo condenatório.* A prova colhida pelo investigador resulta de um compromisso dele com um valor diferente daquele que orienta o trabalho do Juiz: o investigador está comprometido com o êxito da investigação e o juiz, com a Justiça e a garantia da defesa do acusado. *Daí por que toda a prova, para sustentar um juízo condenatório, tem que ser judicializada ...*" (o grifo é nosso – ver Revista de Jurisprudência do Tribunal de Justiça do Estado do Rio Grande do Sul, agosto de 1990, volume 141, p. 304). É evidente que o notável magistrado riograndense referia-se principalmente às provas renováveis ou repetíveis em juízo.

11.3. Mas o que é prova?

Prova, num sentido ultrajurídico, abrangente e até universal, seria tudo aquilo que nos convence da existência de algum fato, alguma coisa ou algum ser, seja do presente, seja do passado.

Crítica do conceito: se prova é tudo que nos convence, o que não convence não é prova. Logo, no âmbito do processo penal, pelo menos, não poderíamos falar em prova insuficiente para a condenação, ou para a pronúncia, ou ainda para a propositura da ação penal, consoante Código de Processo Penal, art. 386, inciso VI e arts. 409 e 18.

Prova insuficiente é o mesmo que prova não convincente.

Conseqüentemente, quando tentávamos conceituar prova, o que na verdade definimos foi prova suficiente. O mesmo aconteceu, em nosso modesto entender, com o clássico Mittermaier, nestas palavras: "... dandose el nombre de prueba a la suma de los motivos que producen la certeza...[3]

E a razão de ser da confusão se descobre através da lição de Dellepiane[4], no sentido de que: "a prova, na maior parte dos casos, é composta (combinação de provas simples insuficientes)" pois, há provas ou motivos que não produzem certeza. São as provas insuficientes já referidas acima e que, no futuro, junto a outras provas, também por si insuficientes, poderão se tornar suficientes, mercê da combinação entre elas, motivando o desarquivamento do inquérito ou a reinstauração do processo, no caso de impronúncia.

Cumpre, no entanto, acentuar desde logo que prova em matéria penal, tema que ora desejamos abordar, ainda que ligeiramente, é tal qual a história, a lingüística ou a paleontologia, uma ciência do passado, que lida, na espécie, com fatos pretéritos, que já aconteceram e dos quais subsistem apenas rastros materiais e/ou imateriais (impressões conservadas na memória das pessoas), rastros estes através dos quais conseguimos reconstruir ideacionalmente como efetivamente aconteceram, quan-

---

[3] *Tratado de la prueba en materia criminal*, 8ª ed. 1929, p. 50.

[4] *Nova Teoria da Prova*, p. 14.

do chegamos lá. É o vasto campo das ciências reconstrutivas, dosado, entretanto, enquanto ciência jurídica, com os elementos delimitativos da proteção dos inocentes. Isto é, não basta seguir-se o caminho indicado pelos critérios científicos na busca da verdade, impõe-se simultaneamente o fiel resguardo dos direitos fundamentais da pessoa humana. A busca, a colheita, a documentação ou instrumentação e ainda o estudo da prova há de ser feito dialeticamente, sob a égide do devido processo legal, pelo menos para efeitos incriminatórios, é claro, de nada valendo, com tais propósitos, a perquirição inquisitorial, salvo no tocante às provas já prontas quando instaurada a investigação preparatória, como já vimos, posto que aí não há como exigir-se a dialética no momento de sua formação.

Por essas razões é que, ao tentarmos definir livre convencimento motivado, assim nos expressamos: livre convencimento motivado significa basicamente que o juiz, na perquirição da verdade não está sujeito senão aos critérios científicos e à fiel observância dos direitos fundamentais da pessoa humana, projetados na Constituição dos Estados de Direito.

Percebe-se isso claramente no conceito de prova do mestre Echandia: "Probar es aportar al proceso, por los medios y procedimientos aceptados en la ley, los motivos o las razones que produzcan el convencimento o la certeza del juez sobre los hechos ... y se dice que existe prueba suficiente en el proceso quando en el aparece un conjunto de razones o motivos que producen el convencimiento o la certeza del juez respecto de los hechos sobre los cuales debe proferir su decisión, obtenidos por los medios, procedimientos u sistemas de valoración que la ley autoriza.[5]

---

[5] *Teoria General de la Prueba Judicial*, 3ª ed., 1976, Victor P. de Zavalie editor – Buenos Aires, p. 34.

Mas que "motivos" ou "razões" são estas a que se refere o mestre Echandia. Serão dados objetivos ou subjetivos?

Respondendo com Malatesta e Cafferata Nores, o primeiro, no preâmbulo de sua obra *Lógica das Provas em Matéria Criminal*, diz: "Sendo a prova o meio objetivo pelo qual o espírito humano se apodera da verdade (o grifo é nosso), e, o segundo em "La prueba en el proceso penal" citando Alfredo Velez Mariconde, igualmente acentua: "Elemento de prueba, o prueba propiamente dicha, es *todo dato objetivo* que se incorpore legalmente al proceso, capaz de producir un conocimiento cierto o probable cierca de los extremos de la imputación delictiva (o grifo é nosso novamente).

Na verdade, se o juiz togado, principalmente ele fica adstrito às provas constantes dos autos (Exposição de Motivos do Código de Processo Penal, nº VII) – o que não está nos autos não está no mundo – não pode haver dúvida de que a prova deve estar nos autos, e não na mente do juiz ou das partes, deve estar ali materializada, perpetuada, para a competente avaliação, a qualquer tempo (considere-se a revisão criminal, por exemplo).

Inaceitável, a nosso sentir, a idéia de prova como um dado subjetivo, como raciocínio, argumento ou inferência lógica. O que tem de subjetivo a prova é sua avaliação. Não se deve confundir prova com avaliação da prova. Nem mesmo a chamada prova crítica (referência do mestre Carnelutti), ou seja, o indício, faz exceção à regra. Não há, a rigor, prova crítica, o que existe é crítica da prova (segundo a lição dos mestres da ciência da prova, nenhuma prova vale por si mesma, seu valor depende da crítica que dela fizermos).

É verdade que o exame de corpo de delito e as perícias em geral já contêm a avaliação dos expertos, todavia, tal avaliação não é prova. Prova, no caso, é o conjunto dos indícios (devidamente documentados nos autos) dos quais partem os peritos, sendo suas conclusões prévias elementos preciosos de colaboração à avaliação judicial da prova em conjunto.

Concluindo e reiterando, podemos afirmar, numa visão ampla e geral, que prova, no processo, é tudo aquilo que se destina a convencer (não apenas o que convence) da existência de algum fato relevante para o julgamento, não podendo, no entanto, no Direito Brasileiro, nenhum veredicto condenatório embasar-se ou sequer apoiar-se em provas que não hajam passado pelo crivo do contraditório e da ampla defesa, enquanto direitos fundamentais da pessoa humana, tão bem proclamados na Constituição democrática de 1988. E isto desde a sua formação (ainda que no inquérito policial ou qualquer outra forma de investigação preparatória) em se tratando de provas a serem documentadas ou instrumentadas, ou a partir do momento de serem apanhadas as simplesmente colhidas (estas já estão prontas quando levadas ao processo, como no caso do bilhete contendo a ameaça de morte ao desafeto).[6]

11.4. Inspiração autoritária do Código

O Decreto-lei nº 3.689, de 3 de outubro de 1941 (*Código de Processo Penal*), assinado por Getúlio Vargas e Francisco Campos, que entrou em vigor em 1º de janeiro de 1942, é fruto, sem dúvida, do regime autoritário de 1937. Com efeito, a "Carta Magna", assinada inicialmente pelos mesmos acima mencionados, em 10 de novembro de 1937, impunha: "Art. 186. É declarado em todo país o estado de emergência." E, em seu art. 170 estabelecia: "Art. 170. Durante o estado de emergência ou o estado de guerra, dos atos praticados em virtude deles não poderão conhecer os juízes e tribunais". Acrescen-

---

[6] Todo esse capítulo tentando conceituar a prova é nosso, de João Batista Marques Tovo e meu, que expressamos alhures.

tando o famigerado art. 177: "Dentro do prazo de sessenta dias a contar da data desta Constituição, poderão ser aposentados ou reformados de acordo com a legislação em vigor os funcionários civis e militares cujo afastamento se impuser, a juízo exclusivo do Governo, no interesse do Serviço público ou por *conveniência do regime* (o grifo é nosso). E o art. 178: "São dissolvidos nesta data a Câmara de Deputados, o Senado Federal, as Assembléias Legislativas dos Estados e as Câmaras Municipais... (*sic*)

Note-se além disso, que nosso Código de Processo Penal recebeu influxo do "Código Rocco", código fascista, editado por Mussolini, de 18-X-1930[7] como se infere da exposição de motivos de nosso estatuto processual penal, nº II, segundo e terceiro parágrafos.

Curiosamente, no entanto, mesmo depois das Constituições democráticas de 1946 e 1988, no tocante ao inquérito policial, o Código não sofreu mutações fundamentais, continuando o ser humano a ser nele tratado como objeto de uma investigação, e não como sujeito de direitos, ao menos no pensar de alguns dos mais acatados intérpretes.

11.5. Inquisitoriedade imperante em todo procedimento preparatório

O sinal mais evidente da ausência de qualquer traço democrático no inquérito criminal é o ranço medievalesco da inquisitoriedade nele persistente.

O exercício do direito natural de defesa nunca foi nem poderá ser obstáculo à realização da justiça, nem mesmo quando admitida na fase preambular do processo penal condenatório.

---

[7] ver Carlos Eduardo de Athaide Buono e Antônio Tomás Bentivoglio, *in A reforma processual penal italiana. Reflexos no Brasil*. ed. RT, p. 23.

Realmente, a idéia um tanto autoritária e nada científica no sentido de que a fase dialética deve ser necessariamente precedida de um procedimento preparatório eminentemente inquisitorial, está hoje superada, pois, a reconstrução ideacional do evento deve percorrer todas as veredas ainda que apontadas pelos interessados contrapostos, em seu natural sectarismo. A verdade há de resistir ao choque da dúvida, para só então cair triunfante, como diria o grande mestre Dellepiane.

É verdade que alguns avanços consideráveis surgiram com a Constituição de 1988, tais como: a) "ninguém será preso senão em flagrante delito ou por ordem escrita e fundamentada da autoridade judiciária competente, salvo nos casos de transgressão militar ou crime propriamente militar, definidos em lei (art. 5º, inciso LXI): espantando de vez a famigerada 'prisão para averiguações', que nunca teve respaldo legal senão na mente de alguns juristas mais rígidos. b) "a prisão de qualquer pessoa e o local onde se encontre serão comunicados imediatamente ao juiz competente e à família do preso ou à pessoa por ele indicada (art. 5º, inciso LXII)" – como obstáculo à meia verdade nas informações – c) "O preso será informado de seus direitos, entre os quais o de permanecer calado, sendo-lhe assegurada a assistência da família e de advogado (art. 5º, inciso LXIII) – evidente que o direito de calar se estende a todos, e não apenas ao preso. Por outro lado, tem-se entendido que a assistência de advogado é mais no sentido de proteção ao *jus libertatis,* desde que, nosso entender, não se dê às provas renováveis e às não-renováveis, enquanto inquisitoriais, valor probante incriminatório. d) "O preso tem direito à identificação dos responsáveis por sua prisão ou por seu interrogatório policial" (art. 5º, inciso LXIV) – como garantia contra o uso de meios despóticos ou fraudulentos na busca da verdade.

11.6. Tendências após a Constituição de 1988

Celso Ribeiro Bastos, em seu *Comentários à Constituição*, ao abordar o inquérito policial e a sindicância, sem referir um traço de ligação entre os ditos procedimentos, que é, sem dúvida, o de preservar a pessoa comum ou o servidor público, dos males de uma perseguição temerária, leviana ou até mal-intencionada, ao menos em teoria, e que tanto um como outro podem ter efeitos danosos próprios aos argüidos, a sindicância em termos de sanção autônoma e o inquérito como elemento de convicção subsidiário ao veredicto condenatório, devendo, assim, também em tais casos, a prova de reforço aportada pelo inquérito ter sido obtida sob a égide da ampla defesa e do contraditório, e não apenas a sindicância, como entende, em aparente dissonância o constitucionalista em tela.

Assevera, com efeito, o notável mestre:

"Problema de maior gravidade e dificuldade jurídica é o agora posto pelo inquérito policial. Já sob a Constituição anterior não faltavam aqueles que consideravam extensíveis a esta modalidade de apuração policial os institutos do contraditório e da ampla defesa.

Os melhores autores sempre estiveram contudo com a tese oposta. Sendo o inquérito policial um meio de apuração, é muito cedo para que se possa falar em acusados.

Aliás, a atividade investigadora sempre deverá partir de alguma pista ou de alguma suspeita. Sobre algumas pessoas mais que sobre outras, recairão as atenções policiais. Haverá por vezes necessidade de ouvir certas pessoas e não outras. Ora, esta mera aragem de suspeição que envolve determinadas pessoas na fase do procedimento policial, não pode ensejar a utilização dos meios constitucionais de defesa, sob pena de inviabilizar-se a própria atividade policial.

A nova redação constitucional vai sem dúvida reforçar a discussão, na medida em que se refere aos acusados em geral. Ainda assim continuamos a crer que os envolvidos em inquérito policial não podem ser tidos por acusados nos termos da Constituição. A acusação é sempre uma irrogação a alguém da prática de um fato condenável, no caso de um ilícito penal. Enquanto não advenha este ato estatal que impute a uma determinada pessoa a prática do delito, esta não pode ser tida por acusada. A fase investigadora é portanto preparatória da acusação, uma vez que só pelo desvendamento do ocorrido e pela identificação da autoria é possível praticar-se o ato formal de acusação.

Ante o exposto, consideramos impraticável ao inquérito policial o contraditório e a ampla defesa".

Antes, porém de enfocar o inquérito policial, Celso Ribeiro Bastos, na mesma página, diz o seguinte:

"Uma palavra deve ser dita a propósito da sindicância. A administração, quando não em condições de instaurar imediatamente o procedimento cabível, dispõe do instrumento da sindicância, que tem por propósito a averiguação ou a apuração de um fato. A sindicância não implica, num primeiro momento ao menos, a existência de culpados. Daí porque dispensar o contraditório e a ampla defesa. A mera condição de sindicado não confere ao servidor as prerrogativas em pauta.

Acontece, entretanto, que o Estatuto dos Servidores de alguns Estados prevê a possibilidade da aplicação de sanções, uma vez apurado o ilícito administrativo e a respectiva autoria. Há como que uma autêntica conversão da sindicância em processo administrativo. Em assim acontecendo, obviamente abrem-se ao acusado todas as possibilidades da defesa, ampla e contraditória.[8]

Entretanto, em certo momento da investigação, se ela for bem sucedida, a autoridade investigante adquire sua *opinio delicti*, passando o investigado a ser indiciado com seu natural direito de defesa. Aliás, só agora entendo a importância do art. 7º dos anteprojetos de reforma setorial:

"Art. 7º. Logo que reúna os elementos suficientes, a autoridade policial, fundamentando devidamente, procederá ao indiciamento". Com efeito, a Comissão dos notáveis processualistas penais presidida pelo Ministro Sálvio de Figueiredo Teixeira, em 25 de novembro de 1994 (no DOU, à p. 17.854), na Exposição de Motivos dos projetos de reforma setorial, dizia claramente: "No inquérito policial, o projeto prevê que o indiciamento se faça fundamentadamente, a fim de assegurar-se desde logo, a garantia constitucional de ampla defesa, a partir desse indiciamento, ao indiciado dar-se-á oportunidade de efetivo conhecimento da infração a ele imputada pela autoridade investigante..."

Quando falamos em traço comum entre sindicância no processo administrativo e o inquérito policial, em processo judicial, foi justamente lembrando a lição do juiz José da Costa Pimenta, em seu *Código de Processo Penal Anotado de 1987*, nestes termos:

"... A existência do inquérito assenta em duas razões principais: 1) economia processual – quer-se evitar o custo de um julgamento desnecessário; 2) escopo social – pretendem-se afastar o argüido inocente não tanto do custo do processo, mas do prejuízo moral da audiência pública".[9]

---

[8] *Comentários à Constituição do Brasil (promulgada em 5 de outubro de 1988)* 2º volume, ed. Saraiva, 1989, p. 269.

O sapientíssimo Eliézer Rosa, em seu *Dicionário de Processo Penal* (ed. Rio), em 1975, antecipando-se à Constituição de 1988, proclamou:

"Num ordenamento jurídico mais adiantado, o princípio do contraditório vigorará também para o inquérito policial. Para isso bastará que o Ministério Público comece a atuar junto à Polícia Judiciária, desde a instrução do inquérito. Se se trata de resguardo da dignidade da pessoa humana na atuação do contraditório; e se dar causa a investigação policial contra alguém inocente pode constituir crime, seria de suma lógica que a fase de investigação policial já fosse marcada com o sinal da justiça, aplicando-se desde aí o princípio democrático do contraditório. Seria o pleno domínio do processo acusatório, afastado definitivamente o bárbaro processo do tipo inquisitório. Haveria processo desde a fase das investigações policiais. Então, a obra da justiça penal amável e quase perfeita. O réu seria erguido à sua legítima posição de eterno sujeito de direito, e nunca seu objeto. A luminosa presença do Advogado, na plenitude da beleza de sua missão, daria aos julgadores maior segurança nos seus julgamentos. Uma vibração de tremor a menos em nossas mãos; uma certeza a mais em nossa alma, quando tomarmos os autos para neles lançar a sentença, obra de homens com resplandecências quase divinas."[10]

Sem razão os que alegam que adotando tal idéia estaríamos violando o *ne bis in idem*, pois, a repetição já existe, tanto que Francisco Campos chama o inquérito de "instrução provisória" certamente para distingui-la da definitiva ou instrução propriamente dita. Vamos então preferir ficar com duas instruções, uma autoritária

---

[9] Rei do Livros, 77 – Rua dos Fanqueiros, 79 – Lisboa.

[10] Eliezér Rosa – *Dicionário de Processo Penal* – editora Rio – 1975, p. 165.

e outra não-autoritária, ou adotaremos a democracia também no inquérito policial?

11.7. A dispensa do inquérito policial no procedimento sumariíssimo da Lei 9.099, de 26.09.95

Como é sabido, o inquérito policial não é indispensável. Ao contrário pode ser dispensado pelo titular da ação penal, pelo que se tira dos arts. 12 *a contrario sensu*, 28, 39, § 5º, e 46, § 1º, do Código de Processo Penal. Todavia, a Lei 9.099/95, que instituiu um novo sistema para as infrações penais de menor potencial ofensivo, em seu art. 77, § 1º, diretamente o dispensou, substituindo-o pelo termo circunstanciado da ocorrência, significando com isso pelo menos em parte a democratização da fase preparatória do processo penal condenatório de tais espécies delitivas. Democratização, enquanto apaga a investigação formal e inquisitorial da verdade, muito embora a parte final do art. 69 da aludida lei permite interpretação oposta, no que concerne aos exames periciais necessários.

Acentue-se que o termo circunstanciado da ocorrência não é mera notícia da infração penal, mas um verdadeiro substitutivo ou sucedâneo do inquérito policial, com a mesma finalidade precípua, isto é, ministrar elementos para que o titular da ação penal possa acusar o autor do crime ou da contravenção (compare-se o art. 77, § 1º da lei em tela com o art. 12 do Código de Processo Penal). Mas que elementos são estes? São os elementos integrativos essenciais da ação ou omissão típica, antijurídica, culpável e punível, que deverão estar comprovados na narrativa da denúncia ou queixa e deveriam estar na base de uma ou de outra. Com efeito, quando a lei diz: "A denúncia ou queixa contará a exposição do fato criminoso como todas as suas circuns-

213

tâncias...", emprega o último termo não no sentido literal ou até etimológico, mas sim, no sentido dogmático (refere-se não ao que está ao redor – *circum stare* – e sim a seu âmago). Mas como captar tais elementos integrativos essenciais sem uma investigação prévia ainda que brevíssima e informal? Não há como. Eis aí a única solução em fidelidade aos princípios de concretude ou concretitude de acusação e, digamos assim, o de *nulla acusatio sine previa investigatione*, aplicáveis a todo e qualquer processo penal condenatório, sob pena de ficar-se à mercê de acusações temerárias, louvadas apenas na *notitia criminis* não averiguada. Seria de se aproveitar a lição da experiência passada, no tocante aos delitos automobilísticos, em que o encarregado de apurar a ocorrência trazia consigo um roteiro de indagações aos participantes e testemunhas do evento e até um espaço para elaboração de croqui do local, em que cada um dava a sua versão dos acontecimentos, registrando-se ou até fotografando-se quaisquer outros vestígios deixados pelo fato ao acontecer, o que permitia uma narração concreta, naquela época na portaria instauradora do procedimento e agora no termo circunstanciado da ocorrência. Toda essa investigação informal poderia ser feita em questão de uma ou duas horas e imediatamente levada à autoridade competente para a lavratura do respectivo termo, caso a cognição do fato não tenha sido por notícia direta à Delegacia de Polícia. Cumpre ainda deixar claro que a viabilidade ou admissibilidade da acusação é um *prius* de qualquer tentativa de conciliação, sob pena de coação ilegal, pois, como resolver um litígio sem saber sequer se ele ainda existe ou até nunca existiu? Realmente, da prática de um fato considerado infração penal nasce para o Estado a pretensão punitiva (consoante o inesquecível mestre José Frederico Marques). Contra tal pretensão há de surgir, óbvia e necessariamente, a pretensão de liberdade. Eis aí o litígio ou lide penal, que, na linguagem Carneluttiana, é um conflito de interesses qualificado por uma pretensão resistida. A grande novidade da Lei 9.099/95 é que ela prevê, na área penal, a resolução de ambos os litígios paralelos, o civil e o penal, emergentes dos mesmos fatos, podendo a resolução de um importar na resolução do outro, em certos casos: veja-se o art. 74, parágrafo único. Tratando-se de ação penal de iniciativa privada ou de ação penal pública condicionada à representação, o acordo homologado acarreta a renúncia ao direito de queixa ou representação (referindo-se à composição dos danos civis, como se vê do *caput*, em conflito apenas aparente com a norma contida no art. 104, parágrafo único, do Código Penal, posto que aquela aplicável tão-somente às infrações de menor potencial ofensivo.

Em suma, no processo penal condenatório há uma verdadeira trilogia, entre *investigação, acusação* e *condenação*, as quais estão intimamente ligadas pelo princípio de congruência. O que vincula o juiz pelo princípio de congruência da condenação com a acusação é a narrativa da inicial acusatória. Tal narrativa é o cerne da denúncia ou é a acusação propriamente dita, é a *res in udicium deducta*. O *petitum* no processo penal condenatório, por incrível que possa parecer, é a narrativa, tanto que o art. 383 do Código de Processo Penal diz: "O juiz poderá dar ao fato definição jurídica diversa da que constar da queixa ou da denúncia, ainda que, em conseqüência, tenha de aplicar pena mais grave". Condenação *ultra, extra* ou *citra petitum* é a que for aquém, fora ou além do fato narrado. O acusador, a seu turno, está vinculado ao fato apurado nas peças de procedimento preparatório. É a congruência que deve existir também entre acusação e investigação, sob pena de inépcia da inicial acusatória.

11.8. Sentido e alcance do art. 5º, inciso LV, da Lei Maior em vigor

Quando o art. 5º, inciso LV, da Constituição da República Federativa do Brasil diz: "Aos litigantes, em processo judicial ou administrativo, e aos acusados em geral são assegurados o contraditório e ampla defesa, com os meios e recursos a ela inerentes" emite um mandamento a ser obedecido de imediato pelos legisladores e juízes, sem quaisquer restrições ou distinções. Com efeito, o fato da norma superior se referir aos litigantes e aos acusados em geral, como destinatórios, não significa que tais garantias só lhes serão aplicadas a partir do momento de figurarem formalmente como tais. Entender-se o contrário seria, *data venia*, frustrar a inteligência da lei *littera occiditi spiritus vivificat* (São Paulo, na Segunda Epístola aos Corintios). Nem sempre o uso do *a contrario sensu* é permitido, principalmente em se tratando de garantias. O direito ao contraditório e à ampla defesa que a Constituição de 1988 assegura diretamente aos litigantes e aos acusados em geral vige em qualquer tempo, mesmo antes de instaurado o processo penal condenatório, visto que, se assim não fosse, ao Estado se estaria dando um poder absurdo de surpreender o réu com provas obtidas ao sabor e nas sombras da inquisitoriedade. Não queremos concluir com isso que todas as provas do inquérito policial ou qualquer outra modalidade de indagação preliminar estejam obrigadas a observar o sistema dialético do devido processo legal, não, o que queremos dizer é que, seguindo o sistema inquisitorial, que lhes é peculiar, não poderão servir de elementos de convicção incriminatória, sequer subsidiariamente, sem afronta ao texto constitucional em pauta. É o nosso ponto de vista que expressamos, com o máximo respeito aos que entendem em sentido contrário. Até mesmo pela observação científica do mestre Dellepiane, já examinada por nós, de que a prova geralmente é composta, resulta da combinação de provas simples insuficientes, verifica-se a rigor, no processo penal condenatório, não há que distinguir entre provas principais e subsidiárias. As provas simples insuficientes *per se* são tão importantes quanto às demais da mesma espécie e que formarão, no conjunto, a convicção incriminatória, se for o caso.

Além disso, seguindo a linha mais avançada, digamos assim, a de Eliezér Rosa, e daqueles que entendem que o art. 5º, inciso LV, da lei das leis incide sobre o inquérito policial em suas duas partes, quando se refere aos litigantes e quando se reporta aos acusados em geral, teríamos que concluir que todas as provas do inquérito (salvo as provas prontas ou já acabadas quando do encetar da persecução penal) deveriam ser colhidas sob a égide do contraditório e da ampla defesa, enquanto direitos fundamentais da pessoa humana. Na verdade reiterando o que ensinava o mestre José Frederico Marques, da prática de um fato considerado infração penal nasce para o Estado o direito de punir (diríamos, a pretensão punitiva). Contra tal pretensão há de surgir óbvia e necessariamente a pretensão de liberdade do dito autor da mencionada infração. Eis aí o litígio ou lide penal, isto é, o conflito de interesses qualificado por uma pretensão resistida, na linguagem Carnellutiana. Logo, o litígio ou lide penal precede à persecução penal em qualquer de suas formas.

Nestas condições o indiciado já é litigante (*jus libertatis*) com o Estado (*jus puniendi*) e, tendo em vista que consoante jurisprudência dominante nos tribunais pátrios, o inquérito pode servir com suas provas inquisitoriais de elemento de reforço à convicção incriminatória, como já foi dito, até por este lado teriam razão os partidários da democracia plena no inquérito policial.

11.9. Os anteprojetos de reforma setorial e o art. 431 do CPP Italiano de 22.09.88

O problema de aceitar-se como elemento coadjuvante da convicção incriminatória a prova que não tenha passado pelo filtro da dialética não é peculiar aos juristas brasileiros. Basta considerar o que diz, na Itália, o art. 431 do *Codice di procedure penale:*

"431. Fascicolo per il dibattimento. 1. A seguito del decreto che dispone il giudizio, la cancelleria forma il fascicolo per il dibattimento, nel quale, secondo le prescrizioni del giudice, sono raccolti:
a) gli atti relativi alla procedibilità dell'azione penale e all'esercizio dell'azione civile;

Titolo IX – Udienza preliminare 235
b) i verbali degli atti non repetibili compiuti dalla polizia giudiziaria;
c) i verbali degli atti non ripetibili compiuti dal pubblico ministero;
d) i verbali degli atti assunti nell'incidente probatorio:
e) il certificato generale del casellario giudiziale e gli altri documenti indicati nell'articolo 236;
f) il corpo del reato e le cose pertinenti al reato, qualora non debbano essere custoditi altrove."

A idéia de seguir os mesmos passos no direito brasileiro, embora de surgimento efêmero, apareceu nos anteprojetos de reforma setorial, como se pode ver no DOU de 16.03.94, à p. 3.705, nos seguintes termos:

"Outra importante inovação, que se inspirou no vigente Código de Processo Penal Italiano (art. 431), é a consistente no desentranhamento, após o recebimento de denúncia ou queixa, das peças constantes da investigação. Com exceção das irrepetíveis e de outras que configurem elementos informativos essenciais, bem como das provas antecipadas em contraditório. Se o inquérito deve servir apenas à formação do convencimento do Ministério Público para oferecer sua denúncia e ao embasamento das medidas cautelares antecipadas; se os elementos informativos existentes no inquérito, colhidos fora do contraditório, não podem ser utilizados pelo juiz para a formação de seu convencimento sobre o mérito, a permanência dos autos do inquérito junto ao processo é nociva, dado contarem elementos que poderão influir psicologicamente no espírito do julgador. Tomou-se, entretanto, a cautela de deixar tais elementos informativos em cartório, à disposição das partes, para melhor condução da acusação e da defesa. Recebida a denúncia, o procedimento comum segue as regras sugeridas pelo Projeto de 1983 (nº 1.855/83), com a concentração dos atos processuais em uma única audiência e a previsão de razões finais de preferência orais."

11.10. A busca da verdade e os direitos fundamentais da pessoa humana, no processo penal condenatório

"Os *direitos fundamentais* não se confundem com os outros direitos *assegurados* ou *protegidos* pelas Constituições"... "Direitos fundamentais valem *perante* o Estado e não *pelo acidente da regra constitucional*. São concepções estatais dentro das raias que aos Estados permite o direito das gentes. Tais concepções não lhes alteram a essência: são concepções da proteção, e não da existência de tais direitos. A sua essência, a sua supra-estatalidade (*Überstaatlichkeit*) é inorganizável pelo Estado; o que é organizável, como demonstrou a ciência de cinqüenta anos atrás, é a proteção jurídica...Os conjuntos de direitos fundamentais olham, de frente, o Estado, constituem... "estações, no eterno processo *the man versus the state*, em ondas que vão e que vêm"...Se procedem do direito natural, ou não, é problema que se deve levantar no direito constitucional. Antes, no direito das gentes, já se pôs. Sejam direitos naturais, ou não, já no direito constitucional se erguem diante do Estado, pela preeminência do direito das gentes, que – não distante a sua imperfeição – é o direito *humano*, no mais alto grau de extensão.

Cumpre, porém, observar-se que as Constituições, às vezes, fazem *fundamental* o que não é (ou ainda não é) supra-estatal; daí a possibilidade de direitos fundamentais não supra-estatais...!"[11]

Inspirados no pensamento do grande Pontes de Miranda, acima transcrito, temos para nós que o contraditório e *a ampla defesa* assegurados não apenas aos acusados em geral, mas também aos litigantes, em processo judicial ou administrativo, pela Constituição democrática de 1988, se constituem em direitos fundamentais, dotados de supra-estatalidade e que não podem, assim, sofrer restrições sequer dos constituintes e muito menos ainda do legislador ordinário ou do juiz.

Dentro deste panorama é que vemos a perquirição da verdade no processo penal condenatório, desde a fase preparatória.

11.11. Erros judiciários clamorosos frutos da inquisitoriedade

Enquanto a investigação inquisitorial preparatória não for exclusivamente preparatória, como parecem preconizar *Frederico Marques* e *Tornaghi*, em seus ante-

---

[11] Pontes de Miranda, *Comentários à Constituição de 1967 (Arts. 113-150, §1º)*, tomo IV, pp. 621/622, Ed. Revista dos Tribunais, XII/LVVII.

projetos de Código de Processo Penal[12]; enquanto perdurarem no processo penal condenatório quaisquer resquícios da medievalesca inquisição, erros clamorosos como o caso de Mota Coqueiro e dos irmãos Naves poderão estar acontecendo. É que o autoritarismo do sistema inquisitorial, ainda que aplicado apenas em parte, favorece tais infortúnios.

Senão vejamos.

O caso Mota Coqueiro.

Para bem entendermos o processo que levou *Manuel da Mota Coqueiro* à morte, pela forca, em virtude de homicídio múltiplo consumado em Francisco Benedito da Silva e sua família, com queima dos cadáveres, inclusive de crianças, no longínquo 12 de setembro de 1852, no lugar denominado Macabu, Rio de Janeiro, é necessário remontar ao ordenamento jurídico daquela época.

Estavam em vigor a Constituição Política do Império do Brasil, jurada a 25 de março de 1824, o Código Criminal de 1831, o Código de Processo Criminal de 1832, este já modificado pela Lei nº 261, de 3 de dezembro de 1841, Regulamento nº 120, de 31 de janeiro de 1842, Lei nº 562, de 2 de julho de 1850 e o Decreto ou Regulamento nº 707, de 9 de outubro do mesmo ano.

O predomínio do Tribunal do Júri era inquestionável, tanto que a Lei Maior dizia: "Art. 151. O Poder Judicial é independente, e será composto de Juizes, e Jurados, os quaes terão logar assim no Civel, como no

---

[12] O anteprojeto de Código de Processo Penal apresentados ao Exmo. Sr. João Mangabeira, Ministro da Justiça e Negócios Interiores, pelo Professor *Hélio Tornaghi*, dizia, em seu art. 8º. O inquérito policial é a apuração sumária de fato que configure infração penal e de sua autoria. Não tem caráter instrutório e se destina exclusivamente a ministrar elementos necessários a promover a ação penal. (1963) E o anteprojeto de autoria do professor *José Frederico Marques* (1970) a seu turno, no art. 250 dizia: "O inquérito policial é a apuração de fato que configura infração penal e sua autoria. Não tem caráter instrutório e se destina, exclusivamente, a ministrar elementos necessários a promover a ação penal."

Crime nos casos, e pelo modo, que os Codigos determinarem" e, a seguir, acrescentava: "Art. 152. Os jurados pronunciam sobre o facto, e os Juizes applicam a Lei."

Constituía-se o Conselho de Sentença de 12 jurados, e não apenas 7, como na atualidade.

Além disso, os jurados debatiam amplamente o caso (ou no mínimo, poderiam fazê-lo). Nos dias de hoje, como se sabe, o júri não delibera verdadeiramente como um colegiado, e sim como um conjunto de 7 juízes monocráticos ou singulares, imperando entre eles e com relação às demais pessoas, a mais absoluta incomunicabilidade, ao menos no que concerne ao tema em causa, sob pena de ineficácia por insanável nulidade.

É claro que o debate entre os jurados do tempo do Império era secreto. Nem mesmo o juiz togado poderia conhecer senão o resultado da discussão, por intermédio das respostas aos quesitos, vindas por escrito.

Quem presidia o sumário da culpa não era o juiz de direito, como agora acontece, e sim os Chefes de Polícia, Juízes Municipais, Delegados e Subdelegados, *ut* Regulamento nº 120, de 31 de janeiro de 1842, art. 262. (anteriormente à reforma de 1841, o juiz sumariante era o Juiz de Paz).

O sumário da culpa se instaurava por denúncia, queixa ou *ex officio*[13].

No caso em tela, não houve nem denúncia nem queixa. Apenas a parte do respectivo Inspetor de Quarteirão.

Interessante acentuar que aos réus, no sumário da culpa, não se garantia a ampla defesa, o que está em consonância com a observação de João Mendes de Almeida Júnior[14]: "O nosso Código de Processo Criminal

---

[13] *Apontamentos sobre o Processo Criminal Brasileiro*, José Antônio Pimenta Bueno, 1910, p. 403, Cód. de Proc. Crim. do Império, art. 141 e (...) e Regulamento nº 120, de 31.01.1842, art. 257.

[14] *Processo Criminal Brasileiro*, vol. 1, p. 232, Ed. Livraria Freitas Bastos S.A., Rio de Janeiro São Paulo, 1959.

de 1841, consagrando o sistema misto, subordinou a formação da culpa mais ao processo inquisitório do que ao acusatório, deixando ao plenário da acusação, defesa, provas e julgamento, toda a amplitude do processo acusatório". Daí talvez a razão da pronúncia dever ser confirmada pelo Juiz Municipal, *ut* art. 389 do Regulamento nº 120, de 31 de janeiro de 1842. Textualmente: "Os Delegados e Subdelegados, que tiverem pronunciado ou não pronunciado algum réo, remetterão immediatamente o processo ao Juiz Municipal do respectivo termo para sustentar ou revogar o despacho de pronuncia, ou não pronuncia...", o que foi feito no caso em pauta. Aliás, a sustentação da pronúncia pelo Juiz Municipal foi precedida de novos interrogatórios e averiguações, como o faculta o art. 290 do citado Regulamento, especificamente para suprir: "...faltas que prejudicam o esclarecimento da verdade do facto, e de suas circunstancias..."

A seqüência de atos procedimentais do sumário da culpa era, mais ou menos esta: 1) Denúncia, ou queixa, ou instauração de ofício, acompanhada de exame de corpo de delito; 2) ouvida de testemunhas até o número de 8 (Regulamento 120, de 31.01.1842, arts. 265 e 266) cuja inquirição era assistida pelo réu, podendo contestá-las sem as interromper; 3) e ser interrogado no mesmo ato; (Código de Processo Criminal do Império, arts. 142 e 143, combinado com o art. 269 do Regul. 120/1842), além de outras informações que pudessem ser colhidas, tudo formando os autos do *judicium accusationis*.

Dado o despacho de sustentação da pronúncia, começava o *judicium causae*, também naquela época, com o libelo-crime acusatório, seguindo-se a contrariedade, esta, facultativa, como acontece hoje. Mas, o libelo não era tão estereotipado. Continha uma narrativa concreta, ao menos no primeiro artigo[15].

---

[15] ver Pimenta Bueno, *Apontamentos*, ed. 1910, p. 694.

A ordenação dos atos principais da sessão de julgamento era a seguinte: 1) princípio ao toque da campainha; 2) verificação das cédulas (a urna deveria conter 48 nomes de jurados, 36 dos quais formavam o *quorum* de instalação); 3) formação do Conselho de sentença (sorteio de doze jurados, Regulamento nº 120, de 31 de janeiro de 1842, arts. 357 e 358); 4) juramento (Código de Processo Criminal do Império, art. 253, e Regulamento 120, art. 358); 5) interrogatório do réu (Código de Processo Criminal do Império, art. 259, e Regul. 120, art. 358); 6) leitura de todo o processo de formação da culpa e últimas respostas do réu (Código de Processo Criminal do Império, art. 260); 7) *acusação* (Código citado, art. 261); 8) Ouvida de testemunhas de acusação (idem, art. 262); 9) *defesa* (idem, art. 263); 10) ouvida das testemunhas de defesa (art. 264, idem); 11) Réplica (art. 269, idem); 12) Tréplica; 13) Relatório (Regul. 120, art. 366); 14) quesitos; 15) recolhimento dos jurados à sala secreta; 16) eleição do presidente e secretária, entre os jurados; 17) discussão do caso; 18) decisão (Regul. 120/art. 382); 19) aplicação do direito, pelo juiz de direito, absolvendo ou condenando, de acordo com as respostas dos jurados.

Dois aspectos merecem realce: primeiro, a leitura de todo o processo de formação da culpa aos jurados significava que estes poderiam fixar convicção em elementos de prova inquisitorialmente obtidos, ainda que para condenar, segundo, o relatório do Juiz de Direito era feito depois de debatida a causa pelas partes, funcionando, assim, como um verdadeiro filtro da dialética havida e que dificilmente não iria interferir no convencionamento dos jurados, por mais imparcial e hábil que fosse o magistrado em ocultar seu próprio pensamento.

"Em 1852, Mota Coqueiro foi o último brasileiro a sofrer a execução da pena de morte porque, depois de ter seduzido a filha do seu agregado e, diante da reação deste, teria mandado queimar a casa e causado a morte de toda a família da vítima. Foi condenado à morte porque tinha motivos para praticar aquele delito. Tempos depois, descobriu-se fora sua mulher a mandante do crime. A partir de então, a pena de morte que ainda existiu por muito tempo no Brasil, na lei, deixou de ser aplicada por recusa expressa do Imperador."[16]

O caso dos irmãos Naves. Corria o ano de 1937. Em Araguari, cidade mineira, pelo desaparecimento de Benedito Pereira Caetano e o sumir do dinheiro em seu poder, pertencente a ele e seus primos *Joaquim Naves Rosa* e *Sebastião José Naves*, fruto do transporte de cereais num caminhão Ford V8, adquirido também em sociedade, foram os irmãos Naves indiciados e posteriormente acusados e condenados por latrocínio, tendo um deles morrido na cadeia e outro cumprido a pena. Tão-somente em 24 de julho de 1952 ressurgiu a "vítima" do latrocínio, viva, muito viva, por sinal. Sebastião que se achava em livramento condicional, na ocasião, ajudou a polícia a encontrá-la.

Toda esta história triste de um evidente erro judiciário está fartamente retratada nas peças essenciais dos autos do respectivo processo-crime, reproduzidas no livro: "O caso dos irmãos Naves - um erro judiciário, escrito pelo advogado dos réus, Dr. *João Alamy Filho* e publicado pela editora Del Rey, em 3ª edição, 1993, Belo Horizonte.

Através de tais peças se poderá ver como a maldade humana de uma só pessoa (um tenente que exercia as funções de Delegado de Polícia), agindo inquisitorialmente e ainda paralelamente ao processo, pode montar um crime inexistente, obtendo por meios despóticos ou fraudulentos inclusive a confissão judicial, sem que se perceba a ficção.

---

[16] O então Des. Ruy Rosado de Aguiar Jr., em seu luminoso voto, no caso Daudt, à pág. 307, vol. 141, RJTJRGS, nº 141, 1990.

No campo da prova, a linha divisória entre o falso e o verdadeiro é, por vezes, muito tênue, ilusório, como proclamam os tratadistas da matéria. Daí o princípio da indispensabilidade do exame de corpo de delito nos crimes que deixam necessariamente vestígios materiais, que, no caso, acentue-se, não foi observado. Cumpre observar, finalmente, que o erro judiciário em tela não foi do tribunal popular. Na época fora retirada a soberania do júri, podendo o juízo *ad quem*, em caso de recurso, reformar, quanto ao mérito, o decisório de primeiro grau.

11.12. As provas inquisitoriais do procedimento preparatório e a soberania do Tribunal do Júri

Promotores de Justiça sempre utilizaram, perante os jurados, provas puramente inquisitoriais, isto é, não renovadas ou repetidas em juízo, como elementos coadjuvantes ou básicos da convicção incriminatória (inclusive o autor destas linhas, quando exercia tão dignificantes funções) a pretexto de que o juiz improvisado decide por íntima convicção, sendo soberano o veredicto do conselho de sentença. Sua liberdade no decidir é tão ampla que ele pode se louvar no conhecimento pessoal, direto dos acontecimentos. Tanto assim que nem precisa motivar seus veredictos. Todavia, sua liberdade não é tão vasta como possa parecer. Se a decisão dos jurados for manifestamente contrária à prova dos autos, cabe apelação, com fundamento no art. 593, inciso III, letra *d*, do Código de Processo Penal, o que de modo algum fere a soberania constitucional, posto que o juízo *ad quem* só poderá cassar a decisão absurda para mandar o réu a novo julgamento, por uma vez, perante o mesmo tribunal do júri, apenas com outra composição, é claro.

Além disso, "É admissível a revisão da sentença condenatória irrecorrível proferida pelo Tribunal do

Júri, pois a alegação de que o deferimento do pedido feriria 'a soberania dos veredictos', consagrada na Constituição Federal, não se sustenta. A expressão é técnico-jurídico e a soberania dos veredictos é instituída como uma das garantias individuais, em benefício do réu, não podendo ser atingida enquanto preceito para garantir sua liberdade. Não pode, dessa forma ser invocada contra ele. Aliás, também a Carta Magna consagra o princípio constitucional da amplitude de defesa, com os recursos a ele inerentes (art. 5º, LV), e entre estes será a revisão criminal..."[17]

De outro lado, se o jurado testemunhou o fato, isto é, presenciou-o, evidente que está impedido de funcionar como jurado, quanto ao fato presenciado. Aproveitando a lição do mestre *Carrana* poderíamos dizer que a testemunha é insubstituível, está historicamente ligado ao fato, enquanto o jurado é substituível.

O próprio juiz togado de primeiro grau pode afastar do júri casos de excludentes ou dirimentes, extremes de qualquer dúvida, absolvendo monocraticamente desde logo o réu (Código de Processo Penal, art. 411), nem que isto importe também em afronta à soberania dos veredictos.

Em outros termos, soberania não quer significar poder absoluto, onipotente. Prevalece sempre o primeiro princípio que rege todo o direito processual penal, que é o princípio da proteção dos inocentes. Não pode o jurado decidir por motivos políticos, ideológicos ou outro qualquer, afastando-se completamente da prova definitiva do devido processo legal, a mesma prova que pode levar o juiz ao convencimento incriminatório, se for o caso.

Mas, na realidade prática não só os tribunais, por maioria significativa, tem se louvado em provas inquisi-

---

[17] *in Código de Processo Penal Interpretado*, Julio Fabbrini Mirabete, 5ª ed., editora Atlas, 1997.

toriais como reforço da convicção incriminatória, como também o tribunal do júri, indo mais longe, tem condenado com base em provas exclusivamente inquisitoriais. Assim sendo, nada melhor que adotar a sábia solução preconizada pelos notáveis juristas componentes da Comissão dos anteprojetos de reforma setorial, garantindo o contraditório e a ampla defesa a partir do indiciamento do investigado, o que significaria a democratização do inquérito policial ou de qualquer outro procedimento preparatório, sem prejuízo à defesa social.

Segue uma decisão que, embora não diga expressamente, adota nosso ponto de vista, aliás, não apenas nosso. E outra, esta de segundo grau, que muito se aproxima.

PROCESSO Nº 01396315374 - 013799
I. P. Nº 108/96 - DELEGACIA DE HOMICÍDIOS
RÉUS: JOÃO ROSA RODRIGUES, JORGE ROBERTO
MARTINS FERREIRA, FLÁVIO ROBENI MARTINS
MULLER E LINDOMAR BORBA
DELITO: HOMICÍDIO QUALIFICADO EM CO-AUTORIA
VÍTIMA: GABRIELA BENFICA CORRÊA
DATA: 04.09.97
PROLATOR: NEREU JOSÉ GIACOMOLLI

VISTOS

João Rosa Rodrigues, brasileiro, solteiro, filho de Jurandir José Rodrigues e Maria Elena Alves Rosa, residente e domiciliado nesta capital, *Jorge Alberto Martins Ferreira*, brasileiro, solteiro, filho de Jorge Ferreira e Maria Irma dos Santos Martins, residente e domiciliado nesta capital, *Flávio Rubeni Martins Muller*, brasileiro, casado, filho de Raul Pacheco Muller e de Maria Irma Martins Muller, residente e domiciliado nesta capital e *Lindomar Borba*, brasileiro, solteiro, filho de Ibraima Borba da Silva, atualmente recolhido no Presídio Central, foram denunciados pelo agente do M.P., com fundamento no I.P. nº 108/96, oriundo da Delegacia de Homicídios, por infração ao *art. 121,§ 2º, inc. I, c/c art. 29, ambos do Código Penal*, por que, "... no início do mês de setembro de 1995, em dia e horário incerto, os denunciados, em concurso de vontades, armados com faca e arma de fogo, produziram na vítima *Gabriela Benfica Corrêa* as lesões descritas no auto de necropsia de fls., que foram a causa da morte por laceração de pulmões e mesentério por ferimento penetrante de tórax e abdômen. Torpe o motivo, eis que o denunciados praticaram o delito para se vingarem do companheiro da vítima, traficante de drogas e rival dos denunciados."

A denúncia foi recebida em 22 de maio de 1997, e os acusados, devidamente citados, foram interrogados, forneceram suas versões sobre os fatos, constituindo defensores que apresentaram defesa prévia.

A instrução colheu os informes todas as testemunhas arroladas pelas partes, à exceção de Paulo Renato Silva Barbosa e Luiz Carlos dos Santos, cuja desistência foi homologada. Inquirido, também, Rosemar Padilha, de ofício.

No prazo do art. 406, do C.P.P., o Dr. Promotor de Justiça propugnou pela impronúncia dos acusados, eis que a prova colhida é insuficiente para ensejar a pronúncia, pedido este, reiterado pelos defensores de todos os réus.

É o relatório.

DECIDO

A materialidade está demonstrada pelo auto de necroscopia de fls. 15/16, tendo sido o cadáver reconhecido, conforme documento de fl. 13, pelo padrasto da vítima.

O corpo da vítima foi encontrado em um terreno baldio, na Rua Joaquim de Carvalho, Vila Nova, nesta capital, no dia 09 de setembro de 1995.

Na fase policial, João Rosa Rodrigues, a quem foi atribuído o apelido de "Kojak", declarou que estava junto com Lindomar, "Nego Frank" e "Cabeça" quando Gabriela entrou no veículo onde estava. Rumaram para o "Repolho" onde cheiraram cocaína, fumaram maconha e ingeriram bebida de álcool. Quando estavam dando umas voltas de carro, Kojak e Gabriela discutiram, *ocasião em que Kojak desferiu um tiro na vítima.* O corpo teria sido "dispensado" em um outro lugar.

Os acusados Jorge, Flávio e Lindomar negaram, já na fase policial, a participação no evento.

Em Juízo, os quatro acusados negaram que conheciam a vítima.

O acusado João Rosa Rodrigues também negou ter o apelido de "Kojak". Disse ter assumido o apelido e a participação na morte da vítima por ter apanhado.

A mãe da vítima ficou sabendo do fato posteriormente e não soube precisar quem teria causado a morte de sua filha. Negou ter falado, na polícia, que o companheiro de Gabriela é traficante.

A testemunha Dulcina Aparecida disse que foram até sua casa avisar que Gabriela havia sido encontrada, morta; que "Paulinho" companheiro da vítima, atribuiu a autoria da morte de Gabriela à várias pessoas, sem dizer o nome.

A testemunha Irene disse que Celso lhe teria dito no I.C.M., saber que o autor da morte da vítima foi o "Kojak" da Vila Formiga, entretanto, não disse quem era esse tal de "Kojak".

Rodrigo, que morava nos fundos da casa da vítima, falou que Paulo, companheiro de Gabriela, lhe entregou a carteira de identidade desta, para que fosse entregá-la à mãe da vítima. Negou conhecer alguém com apelido de "Kojak". Também não soube precisar quem esteve na casa de Paulo à procura de Gabriela na noite em que esta desapareceu. Nesta noite, Paulo não estava em casa.

Celso Furtado Aranda, no dia em que Gabriela foi morta, estava preso no Instituto Central do Menor, tendo ficado sabendo da morte, através de sua mãe. Disse em juízo, ser conhecido por "Kojak", negou o teor do depoimento prestado na fase policial.

Rosemar Padilha, ao olhar para os acusados, não reconheceu nenhum com o apelido de "Kojak". Alegou ter sido "incentivado" pelos policiais a dar aquele depoimento, na fase policial, negando ter estado em companhia da vítima e dos réus.

Diante deste conjunto probatório, tenho que não há indícios suficientes de autoria, por parte dos acusados, impondo-se a *impronúncia* de todos.

Ante o exposto, com fundamento no art. 409, do C.P.P., julgo *improcedente* a denúncia e *impronuncio João Rosa Rodrigues, Jorge Roberto Martins Ferreira, Flávio Rubeni Martins Muller e Lindomar Borba*, já qualificados, de incursos no art. 121, § 2º, inc. I, c/c art. 29, todos do Código Penal.

Após o trânsito em julgado, feitas as anotações pertinentes, arquive-se.

P.R.I.

POA, 04 de setembro de 1997.

Nereu José Giacomolli
Juiz de Direito do 1º Juizado da 1ª Vara do Júri

RECURSO ACR Nº 684017791
TERCEIRA CRIME
RELATOR *MILTON DOS SANTOS MARTINS*

Absolvição. Prova inquisitorial. Realidade não reconstruída. As investigações inquisitoriais, que ainda remanescem no processo, cumprem finalidade informativa de regra. Ausência de prova judicial idônea que reconstrua realidade passada, isso importa em *non liquet, impondo absolvição.*

Impresso com filme fornecido pelo cliente por:

LA SALLE
Gráfica　　Editora

FONE: (051) 472-5899
CANOAS - RS
1999